JN074643

税理士・会計事務所職員
のための
業績改善
の
基礎知識

田村和己 著

中央経済社

は じ め に

　コロナ禍で税理士・会計事務所は，経済低迷の影響を少なからず受け，なかでもクライアントの業績や財務体質改善に役立つ指導が今ほど求められている時期はないのではなかろうか。

　本書は，中堅中小会社の経営者，その経営者を指導する職業会計人及びその事務所職員に，業績管理の整備強化のポイントとノウハウを解説するために上梓した。

　業績管理に関しては，その指導に参考となる書籍が意外に少なく，内容も管理会計であったり，月次決算，予算，経営計画など，各分野別であったりと，体系的に学べ実践的に使える本が少ないのが実情である。

　本書では，月次業績管理，予算管理，経営計画管理まで，業績管理を体系的・段階的に整備するポイントを解説している。また，整備強化を通して会社の収益改善を実現するシナリオを前提に，経営者の経営改善の手引きや，職業会計人のクライアント指導に十分活かせる内容となっている。

　筆者が最初に業績管理の本を出版したのは，青山監査法人，プライスウォーターハウスに在籍していたときである。共著であるが，お陰様でダイヤモンド社のベストセラーになり，TKC傘下の全国会計事務所にも配付されたと記憶している。2冊目も共著だが，松下政経塾の若手経営者教育の参考文献として，それなりの評価をいただけたと自負している。

　そしてこのたびの出版が，コロナ禍で苦しむ中堅中小会社の業績改善に貢献することを願ってやまない。

　業績管理はその手続きを，マニュアル化することで幹部・管理職の育成につながり，また事業承継をした後継経営者には，経営リーダーシップの

発揮に役立てることができる。事業拡大が進んだ先のM&Aでは，被買収会社の業績向上を指導する効果ももっている。

　こうしたいくつもの業績成果を見出せる仕組みを，本書はシステムとして制度設計し，企業が運営，改善を繰り返して定着するまでの整備の仕方を丁寧に解説している。

　前半第Ⅳ章までをBasic‐基礎編，後半第Ⅴ章からをPractice‐実践編として，本編での段階を踏みながらの解説はもちろんのこと，Columnでは，著名な経営学者，経営者，コンサルタントや企業から学ぶ，業績管理の考え方や分析手法，成功事例など，多くの参考例も収録した。

　第Ⅴ章以降の各章末では「コンサルティングの現場から」と題し，筆者が体験した事例を実践的ケーススタディとして，物語風に仕立てている。コンサルティング現場で各ステップを踏んでいく過程に遭遇する障害や苦労の実体験から，より各章の内容の理解を深めていただきたい。

　巻末には，実践編である第Ⅵ章から第Ⅹ章で解説した制度整備ポイントに基づいたチェックリストを収録している。このリストに基づき自社の業績管理の整備状況を点検チェックし，改善策に役立てていただきたい。

　図表の構成や文章のブラッシュアップには誠栄監査法人の公認会計士岡部洋介氏，河西聡氏に，執筆と刊行にあたっては企画支援をいただいた中央経済社の秋山宗一氏に，この巻頭言で大変お世話になった謝意と御礼を申し上げたい。

　本書はタイトルどおり「基礎知識」を念頭に置くものの，業績管理を指導する職業会計人とその事務所職員の指導マニュアルとして役立ち，指導される会社の経営者や実務担当者にとっての，実践マニュアルとしてもご活用していただくことを願ってやまない。

　2022年3月

田 村 和 己

もくじ

業績管理　Basic

第Ⅰ章　業績管理の重要性とその効果

第Ⅱ章　業績管理のストーリー MaPS

第Ⅲ章　業績管理の成功要因 PWC

第Ⅳ章　業績管理のマニュアル化

業績管理－Practice

第Ⅴ章　導入前の心得－危機感を盛り上げ課題を共有化

第Ⅵ章　月次決算制度の整備

第Ⅶ章　原価（粗利益）管理制度の整備

第Ⅹ章　戦略的経営計画の整備

第 I 章

業績管理の重要性とその効果

１．業績管理とは

　業績管理は，別名計数管理ともいわれるが，経営全般にわたる業績上の問題点を把握，分析し，また，経営目標を明確にする，いわば，会社全般にわたる計数を管理するツールである。

　これらの管理上の仕組みとして代表的なものが，月次決算，部門別損益管理，予算管理，経営計画といった分野である。

　業績管理が経営管理全般にわたる管理システムであるのに対して，会社の重要な業務や資産，コストなどを管理する個別管理システムとして代表的なものは，原価管理，販売管理，購買管理，在庫管理，固定資産管理などである。

　業績管理は会社全般にわたる数値の管理であるため，管理部署としては経理や財務がその業務の中心的役割を果たしていることが多い。

　読者のなかには，月次決算や部門別損益管理などの業績管理は，単に経理部門で数値を集計，管理するツールであり，これらを整備したところで会社の利益は向上しないのではないか，と疑問をもつ方がいるかもしれない。

　しかし，貸借対照表（B/S）や損益計算書（P/L）は経営活動の種々の原因と結果を集約したものであり，その因果関係を追及していけば，経営上，どのような手を打てば業績が向上するか，そのヒントが得られることは，本書で十分理解できるであろう。

　業績管理は，業績に関する因果の分析力を高めるために，会社のB/SやP/Lを種々の角度から把握し分析する管理の仕組みであり，経営管理システムの中心的な役割を果たすものである以上，中堅中小企業に限らず，すべての会社が重視して整備しなければならない分野であり，経営者はもちろん管理職に至るまで，その使い方に精通していなければならない。

　しかし，往々にして，これら経営管理ツールは経理部門だけの表面的な管理手法にとどまっており，工夫や改善，進化が十分行われていない事例が多く見られる。

　「数字に弱い経営者は会社の業績が上げられない」との言葉をよく耳にする。これは数字に弱い経営者が業績管理の重要性を認識せず，経営管理ツールを業績改善に十分活用していないことから，警告として発せられる言葉ではないだろうか。

　これらの経営管理ツールは，会社全体や部門，製商品，顧客に関する収益性などの問題点を把握するうえで最も重要なものであり，経営者にとってはもちろんのこと，利益の向上に取り組む管理職にとっても不可欠なものである。

　「資料は経理部門がつくっているので内容はよくわからない」などと言っているようでは，管理職失格となってしまうのである。

２．業績管理と密接する業務

(1)　経営管理との関係

　前節で業績管理は経営管理の中心，要^{かなめ}であることを説明したが，図表Ⅰ－1を見ていただきたい。

　図表Ⅰ－1は，B/SとP/Lの主要項目を大枠で示し，それぞれの主要項目が，経営管理項目とどのように関連しているかを表している。

　本書で解説する業績管理強化の対象は，この業績管理体系図を参考にしていただけるとわかるように，各種経営管理項目の改善もテーマになっている。

　したがって，本書の業績管理－Practiceで解説する月次業績管理，原価管理，部門別損益管理，予算管理の整備のほかにも，業績改善のために重

3

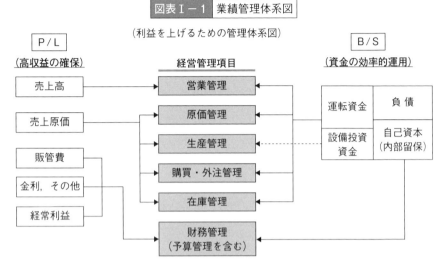

図表Ⅰ-1 業績管理体系図

（利益を上げるための管理体系図）

※）業績管理は，財務管理に属するが，各種経営管理の業績に直結する機能が改善の対象となる。
広義の会社の内部統制システムは，経営管理が含まれる。

要な経営管理分野の業務改善テーマもあわせて解説している。

業績管理の強化に伴い，これらの分野の業務改善を着実に行うことが収益改善には不可欠であり，その重要性をここでご理解いただきたい。

(2) 内部統制との関係

近年上場会社では，外部の機関投資家からガバナンス強化の要請が高まっている。ガバナンス強化のテーマとして必ず挙がるのが，内部統制である。広義の内部統制には経営管理も含まれると筆者は理解している。

したがって業績管理が経営管理の要である以上，その強化は上場会社に求められている内部統制強化にも役立つと考えられる。

収益力が低迷している上場会社は，内部統制強化の一環として自社の業績管理を見直し，本書を使って再検討していただきたい。

3．M&Aや株式公開における必要性

業績管理の整備強化は，中堅中小企業が生き残りをかけて行う大きな判断であるM&A，株式公開でも役立つことになる。

⑴　M&Aにおける必要性

最近は中堅中小企業でもM&Aを成長戦略の手段として採用する事例を多く見かけるが，業績管理の強化整備はM&A戦略でも不可欠である。

企業を買収すると多くのケースで，自社のビジネススキームを買収企業に導入しようとするが，そのプロセスでシステム的・計画的な経営改善手法を使い，指導をしている企業は少ないのではないだろうか。

M&Aは自社の経営体質の移植であるといわれるが，厳しい業績管理を買収企業に導入することによって，会社の将来の収益力を高めることができる。その結果，買収先への投資額はスピーディーに回収され，成功裡のM&A戦略が実現するのである。

⑵　株式公開を目指すなら経営管理整備は必須

業績管理の強化は，株式公開を目指している企業にとっても重要な経営管理強化のツールとなる。

筆者はそれを目指す中堅中小企業に対して，株式公開コンサルティングを長年行ってきたが，企業の多くは，業績管理が未整備で経営管理もままならないのが実態であった。

株式公開を実現するには，いうまでもなく収益力を伸ばす必要があり，収益力アップに効果がある業績管理の強化は，株式公開で求められる経営管理強化のなかで最も重要な分野であり，最優先で強化する必要がある。

４．整備，強化による経営上の効果

⑴ 経営力に対する波及効果

　経営力とは何か，筆者は経営力とは与えられた経営資源で最大限のアウトプットを生む力だと考えている。

　業績管理はその点で計数管理のPDCA（Plan，Do，Check，Action）機能を高めるため，このアウトプットの最大化に貢献することになる。

　またそれを指導，監督する経営者のリーダーシップ力の強化による経営力アップも期待できる。

　このほかにも業績管理の整備，強化が経営力に，どのようなプラス効果をもたらすのか，次に列挙してみる。

① 幹部・管理職及び後継者の育成効果

　業績管理の強化はそれを運用する側である幹部・管理職の自主的改善意識や利益意識を育てる効果があり，管理職の人材育成に悩んでいる経営者には人材育成ツールとしての利用価値がある。

　また事業承継においても，後継者育成ツールとして役立つことになる。すなわち，後継者のリーダーシップを支援し，発揮させるツールにもなる。後継経営者が創業経営者のもつ魅力を一朝一夕に身につけることには無理があるが，その能力を補完するツールとして機能させる。

　業績管理を社内に定着させ，その指導，監督役として後継者が機能すれば，それが重要な後継者の仕事となり，また，それにより会社の業績も向上する経営承継のツールにも十分なりうる。

②　経営管理の体系的整理と標準化効果

　業績管理を中心軸として他の個別管理分野の整備強化を行えば，経営管理全般の体系的な整備と強化が行え，これを通してブラックボックス化されていた管理の見える化と標準化が行えるようになる。

　業績管理と経営管理が一体として機能し連動していることは，業績が良い会社，優良企業によくみられることである。

③　上場会社におけるガバナンス強化

　業績管理は利益を生み出すための内部統制ともいえるが，上場会社で整備が求められている内部統制は末端業務のルール整備と管理が中心で，それを整備しても必ずしも会社の利益向上につながるわけではない。そのため，上場会社でも，その整備が形骸化し，実態は書類づくりになっている会社が多く見られる。

　業績管理は現場の業務改善から始まり，会社の戦術，戦略まで改善が可能であり，経営の監視機能として使うことにより，内部統制が構築でき，また，近時採用強化がされている外部取締役のガバナンスチェックのツールとしても使うことができる。

④　新たな収益源への発展

　業績管理の強化は新たな収益源の発掘につながることも多い。どの会社でも業績管理が手薄になっている分野が必ずあるものである。

　たとえば，筆者の経験した例では売上が2,000億円規模の商社であったが，粗利益（商品別・顧客別）の管理が十分に行われていなかった。その原因は情報システム部門と営業部門との意見の相違や利害の対立があり，経営企画の調整能力不足から粗利益管理が未整備になっていたのである。

　このようにどの会社でも，規模は別にして収益源となるのに十分に目が届かず，業績管理があまくなっている管理項目がある。したがって，業績

管理の強化は，新たな収益源の発掘にもつながるのである。

⑤　不況に負けない財務体質づくり

　コロナ禍でサービス業をはじめ，飲食業，ホテル業などの業種が，売上の激減に苦しんでいる。だが，コロナ禍に限らず，この20年は平均すると４～５年に１回の割合で経営危機となる不景気が到来している。たとえばリーマンショックや天災等による災害である。

　財務体質の強化は，いうまでもなく借入依存度を減らし，営業赤字や営業キャッシュ・フローの大幅なマイナスが１～２年続いても耐えられる内部留保の蓄積を行うなど，内部経営環境の健全化につなげることである。

　こうした不測の事態に耐えられる財務体質づくりの早道は，利益に直結する効果のある業績管理の整備，強化である。

(2)　中小企業庁の実態調査による実証効果

　業績管理強化の導入の実証効果は，中小企業庁の「中小企業実態基本調査」からも理解できる。

　中小企業庁は，中堅中小企業50社に対して業績管理整備の効果について実態調査を行い，アンケート調査により，その導入効果を調べている。

　それによると次の分野に対しその業績管理制度を導入したところ，業績改善に役立ち，効果があるとの回答が得られた。

- ●月次決算の会計処理の適正化による月次損益の正確な把握
- ●月次決算による業績報告のオープン化
- ●部門損益の明確化とその管理強化による営業利益の改善
- ●商品別，取引先別の採算情報の充実と営業戦略への反映
- ●原価管理の強化による選別受注
- ●予算管理の導入による現状把握と問題点の洗出し

　業績管理の重要性と効果を実証的に把握することができる。

5．業績管理は"一芸に秀でれば多芸に通ず"

　ここまで業績管理の重要性と効果について説明したが，読者のなかには業績管理の強化だけで，なぜ他分野も向上するのかと不思議に思われる方もいるかもしれない。

　あえて理由を述べれば，業績管理で用いる財務には客観的指標があり，他社との優劣の比較をはっきりさせることができるからである。重ねてその検証も可能であり，人によって見解が違うということもない。

　こうした客観性を手掛かりに，その優劣の原因分析を行い対策を実施すれば，販売・生産・技術といった他分野の水準も自然とその業務レベルが向上し，全体としての会社の競争力，経営力が向上するのである。その点でいえば会社の経営力向上にきっかけを与えてくれる，最適な経営改善分野ということができる。

　まさに"一芸に秀でれば多芸に通ず"である。"強みを伸ばせ"という経営成功の法則も，財務管理の強みをもって他分野の弱みを解消させるのが業績管理強化の本来の狙いなのである。

　その意味で業績管理は会社の業績向上の起点，出発点として，最適分野なのである。

業績管理＆著名コンサルタント

Column 1

著名コンサルタントから学ぶ
業績管理の考え方

　業績管理の導入の必要性，重要性を理解するため，昭和の高度成長時代に活躍した有名なコンサルタントであり，タナベ経営の創始者としても知られる田辺昇一氏の考え方を紹介したい。

　田辺氏は企業の成長ステージに応じた経営管理の強化分野について段階的に整備，強化することを勧めている。

　この規模に応じた強化領域をみると月次決算，部門別損益管理，原価管理，経営計画といった業績管理の強化領域が示されており，特に売上規模が5億円以上になったら整備を行い，40億円位の規模になるまでには，その構築が必要であると説明している。

　経営指導に優れ，実績を残したコンサルタントの主張には説得力があり，業績管理の経営管理における重要性がより理解できるだろう。

　また，昭和から平成にかけて小売業の経営コンサルタントで有名な船井幸雄氏も数多くの著作を残している。

　船井氏は企業が成功するための経営システムの強化領域として，全員参加の目標管理，事業部（部門別）損益管理，戦略性の高い経営計画を掲げ，かつ，業績管理の整備にはこれら3分野を必須領域としている。

　成功する会社にとって業績管理の占める位置が極めて重要であることが，これらコンサルタントの指導事例からみても理解できるであろう。

中堅中小企業の経営管理の進化プロセス

売上規模 社員数 （メーカー想定）	成長 ステージ	戦　略 （製品，販売）	組　　織	人　　事	財務，経理
〜5億円位 10〜20人	創業期	・幅広い製品，商品の取扱い（なんでも扱う）	・創業者が全て意思決定を行う	・親族中心の経営	・経理，財務は身内中心で経理作業は外注化 ・年次決算と月次は資金繰中心
〜20億円位 〜50人前後	基礎 確立期	・強み（差別化）のある製品の開発 ・取扱製品のスクラップアンドビルドにより収益性重視へ	・直接利益を生み出す製品，販売の責任者づくり	・最小限必要な人事関連の規程類の整備（就業規則，賃金規程，旅費規程）	・経理作業の自計化 ・月次決算経営の導入（幹部と月次業績を共有化） ・金庫番から財務屋へ育成
〜40億円位 〜100人前後	成長期	・差別化製品の周辺製品サービスの拡充	・製造，販売，管理の各部門に取締役兼部長を置く	・創業者の不得意の分野を補う幹部を置く ・同族外でも能力ある人材の登用 ・広い視野をもつ取締役の育成	・部門別損益，原価管理等の管理会計の導入（部門長に利益責任を課す）

第 **II** 章

業績管理のストーリー MaPS

1．MaPSストーリーによる業績管理強化の手順

　本章では業績管理を強化するために必要な手順＝MaPSの法則を紹介する。

　MaPSの法則とは，下記の各ステップのキーワードの頭文字を取ったものである。

図表Ⅱ－1　MaPSの語源

ステップⅠ 月次実績（Monthly actual）を把握	会社の業績を実績ベースで把握し，さらに製商品別の採算や，部門別の採算までわかるように整備していく。
ステップⅡ 予算編成（Planning），予実管理	ステップⅠにより現状の正確な分析ができるようになってから，製商品別や部門別の予算を作成し，予算の精度を高め，さらに競争力アップの予算づくりを行う。
ステップⅢ 戦略的（Strategic）な経営計画を策定	ステップⅠ，Ⅱにより現状分析力，短期的な収益改善力を身につけてから，中長期の収益改善を行う戦略的な中長期経営計画を策定し，実行する。

　このステップのⅠ→Ⅱ→Ⅲ，すなわち“Ma→P→S”は業界にかかわらず，すべての会社に共通した順序であり，この順序で整備を行わないと，会社の業績管理制度を着実にレベルアップしていくことは不可能なのである。

　もちろん，この法則を知らなくても無意識のうちにこの順序で整備している会社もあれば，逆の順序で整備し，回り道ではあるが立派な業績管理制度を構築した会社もある。

　しかし，この法則を意識し，ひとつひとつの整備状況を点検しながらステップアップすることにより，合理的に短期間で業績管理制度を構築する

ことができる。そしてなにより社内に深く浸透し定着する，いわば会社の身の丈に合った業績管理制度が整備できるのである。

　この法則は，筆者が企業の業績管理の諸々の分野を指導し成果を出すため，自分の経験ノウハウに基づき考案し，業績管理強化の手順として法則化したものである。

　その裏付けとなるいくつかの経験事例だが，経営計画の策定指導を行っても，その前段階の分野である月次業績管理や予算管理が十分整備されていないところが多く，こういう会社では戦略的経営計画を作ることは不可能なことが多かった。また，経営計画からスタートしても画に描いた餅になることが多く，基本的な収益力を身につける管理力のない会社に経営計画といっても絵空事に終わるだけであった。

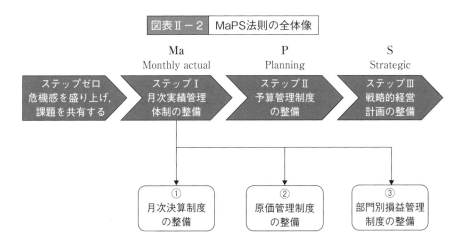

図表Ⅱ－2　MaPS法則の全体像

　なお，MaPSの法則のうちMaの部分，すなわちステップⅠの月次業績を把握する体制については，さらに，①月次決算制度の整備，②原価管理制度の整備，③部門別損益管理制度の整備の3ステップに細分化される。

　これらを含めたの法則の全体像は，図表Ⅱ－2のとおりである。この図

表からもわかるとおり，MaPSの法則とは業績管理制度を整備する共通の順序というだけでなく，業績管理制度の全体像（マップ）も示すものであり，会社の業績向上の案内図として機能することの期待が込められている。

2．MaPS法則─各ステップの概要

⑴　ステップゼロー準備段階のプロセス

　まず，MaPSを導入する準備段階としてのステップで，財務上のリスクを経営者と幹部が共有化して，業務管理強化の必要性を強く認識するプロセスがある。それがステップゼロ＝準備段階のプロセスである。

　この段階でのポイントは，"財務上，事業上のリスクを経営者，幹部が共有化する"ことである。

　MaPS法則のステップⅠは月次決算の整備から始まるが，MaPSの適用効果を上げるためには，会社の業績向上の必要性を感じてもらう必要がある。このため会社の業績低迷リスクや財務リスクを指摘して，その危機感を社長，幹部と共有して，収益力（利益）アップの必要性を理解，認識してもらうことが重要である。

　簡単にいえば，「このままの業績では倒産リスクがあり，業界での生き残りは難しいですよ」と指摘して，業績管理強化による収益力（利益）確保や利益向上の必要性を十分に認識してもらうのである。

　そのほか，準備段階のステップでは，危機感の共有以外にもプロジェクト全体の流れ，考え方，約束事などを決めることが重要である。これらがプロジェクトを進めるうえでの重要な基盤になるからであり，この準備段階がないとステップⅠからの業績管理プロジェクトの進行に価値観，危機感の共有がなく，支障が生じる可能性が高いためである。

⑵　ステップⅠ－月次実績管理体制の整備

　次に業績管理強化の流れに基づいて，具体的な収益改善のためのMaPS内容の説明を述べることとする。それぞれのステップが持つ意味は，次のとおりである。

①　月次決算制度の整備

　月次決算制度の整備を最初に行うのは，会社の基本的な業績に係る数値を理解させ，経営者や管理職に業績全般にわたる問題を把握してもらう必要があるためである。この数値の理解がないと，全体業績の理解が不十分なため，部門別業績の検討で全体像が見えない議論に陥りやすいことと，月次決算が会社の全体業績のタイムリーな変化を知る重要な業績管理ツールとなるからである。

②　原価管理制度の整備

　全体業績がよく理解されてから，次に個別管理システムの1つである原価管理を行うことになる。これによって製品別，顧客別の採算性や全体利益に対する貢献度が明らかになり，各製品のもつ競争力やライフサイクル，さらに顧客の全体業績上の収益依存度がわかり，より具体的な売上アップやコストダウンの必要性が理解できるからである。

③　部門別損益管理制度の整備

　各製品の採算性が把握されても，営業部門や製造部門，あるいは店舗別の採算性がわからなければ，部門管理職主導による現場に密着した詳しい分析や正しい改善案が導き出させないため，次の制度整備は，部門別業績の把握に進むことになる。これによって部門管理職が本来責任をもつべき部門別業績が明らかになる。

17

⑶　ステップⅡ－予算管理制度の整備

　予算管理制度の整備をステップⅡとしている理由は，ステップⅠは計数管理の分野でも現状分析による実績情報であり，現状分析の正しい数字の把握がないと，効果的な予算や実行可能な予算が作れないからである。

　また，予算管理制度をステップⅢよりも先行させているのは，単年度の業績向上を狙う予算管理が達成できない会社に，それよりも難しい中長期的な収益構造の改革テーマに取り組む経営計画は達成できないからである。

⑷　ステップⅢ－戦略的経営計画の整備

　ステップⅠやステップⅡの整備を指導していると，「なぜ経営計画を先に整備しないのか，会社の方向性を決めることこそ重要なのではないか」とよく質問を受ける。

　この主張は，ある意味ではもっともである。しかし，経営計画は，会社の中長期の経営環境と課題を展望する分野であり，情報収集する範囲が広く，また，社員や管理職の意識レベルが高くないとなかなかチャレンジできる分野ではない。

　経営計画が画に描いた餅に終わっている会社が多いのは，月次決算や予算管理，部門別の業績改善データなど，基本的な計数管理データが十分でないからであり，基本的な管理力，情報収集力，行動力がない会社に，本格的なイノベーションを必要とする経営計画の実行は困難なのである。

3．3Sの原則

　MaPSの法則を実践するためにはもう1つ重要なキーワードがある。それは3Sの原則である。

　3Sの原則とは業績管理の方法が有効に機能し，収益改善効果を発揮す

るには，その管理手法を機能させるための，

- ●仕組みづくり−各計算制度のルールづくりなど
- ●組織づくり−経営者や管理職のリーダーシップ力強化，その業務分掌の明確化や権限の強化，スタッフの充実，会議の充実など
- ●教育づくり−計数や管理制度をよく理解させる教育や業務改善の知識

が必要であり，かつ，それら３つを同時に整備しないと業績管理制度もうまく効果を発揮しないため，それを機能させるためのルールである。

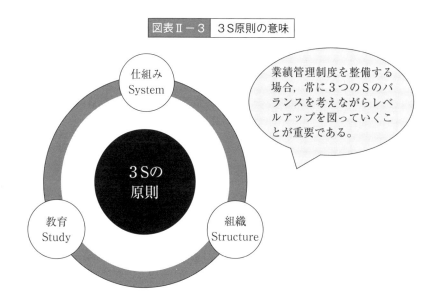

図表Ⅱ−3 ３S原則の意味

業績管理制度を整備する場合，常に３つのSのバランスを考えながらレベルアップを図っていくことが重要である。

仕組み System

３Sの原則

教育 Study

組織 Structure

　ところで経営者が経営力を向上させるキーワードに"三識を強化する"という言葉がある。三識とは"意識（問題意識），知識，組織"である。社員の知識教育を行い，その問題意識を高めながら，組織づくりを行い，その組織力を強化して業績の向上を行うとの趣旨である。

　３Sの「仕組みづくり」は，「問題意識」を高めるために業績管理の情報を整備するという意味がある。「教育づくり，組織づくり」も三識にお

ける「知識，組織」と同じ意味を持っている。

　3Sの具体的な展開内容は，たとえば月次決算体制の整備には，スピーディーな業務処理のルールづくりや，方針ルールづくり，分析ルールづくりの「仕組み」が必要になる。

　また月次決算の業績を討議する「組織」が必要になり，それに参画する幹部・管理職には，会計に関する基本「知識」の教育が必要になる。

　これら3つを整備することで月次決算の十分な活用ができ，収益改善に役立つ管理制度とすることができるのである。

(1)　仕組み（System）づくり

　ここでの仕組みとは，先述した業績に関する問題意識を高めるための情報整備であり，業績管理制度の骨格部分でもあり，業績の測定，報告，分析ルールの整備を主に指す。

　たとえば，会計処理のルールや会議用の検討資料のフォーマット，業績検討指標といった業績に関する問題意識を高めるための業績管理制度運営に係る基本ルールのことである。

(2)　組織（Structure）づくり

　一般的に組織というと，組織図にある営業部や総務部といった社内各部門の集合体のことを指すが，ここでは組織における社長や幹部管理職のリーダーシップ力やその権限責任，職務分掌の明確化など，業績向上のために必要な組織づくりを組織と定義している。

　したがって，会議の活性化や管理・企画スタッフの充実が業績レベル向上のために不可欠であると考えれば，当然，組織づくりをすることになる。

(3)　教育（Study）づくり

　教育とはいうまでもなく，経営幹部や管理職，一般社員に対する教育の

ことであり，OJTやOFF-JTを通じて，対象となる各管理職等が担当する部門業務の知識や業績管理の知識の向上を図ることになる。

　原価管理制度，部門損益管理制度や予算管理制度などを整備する際，販売や生産などの業務にかかわる知識が管理職等に不足していると，問題意識の向上や業務のあるべき姿が描けないからである。

　またつくり上げたあるべき姿としての仕組みも，教育を行わなければそれを使いこなせないからである。

　MaPS法則と3S原則の関係を表したのが，図表Ⅱ－4である。

図表Ⅱ－4　MaPS法則と3S原則の関係

Ma			P	S
ステップⅠ：月次実績管理体制の整備			ステップⅡ：予算管理制度の整備	ステップⅢ：戦略的経営計画の整備
月次決算制度の整備	原価管理制度の整備	部門別損益管理制度の整備		

3Sの原則

仕組み（System）づくり →

組織（Structure）づくり →

教育（Study）づくり →

MaPSの各ステップごとに，3Sのバランスを取りながら，業績管理制度の整備を行う。

4．MaPS体系に基づく体制整備の構築

⑴　MaPS導入の前提条件

　ここではMaPSをさらに深く理解いただくために，図表Ⅱ－5のMaPSの体系図に従い，それぞれの段階でどのような目的の管理レベルを作り上げていくのか，それに伴い組織と教育プログラムにあげている項目が，なぜ，その管理段階で必要なのかを解説する。

図表Ⅱ－5　MaPSの体系図

		仕組み	組織	教育
Ma	ステップⅠ‥月次実績管理体制の整備	**1．月次決算制度の整備** ・月次決算のルールをつくる ・月次業績検討のフォームをつくる ・業績検討指標を導入する	・月次決算の迅速化を行う ・業績検討会議を行う ・業績向上への意識，求心力を高める ・業績オープン化への抵抗をなくす ・業績検討会議を制度化する	・利益の重要性を教える ・会計の基本を教える ・財務分析を教える ・管理の基本を教える
		2．原価管理制度の整備 ・生産管理のルール強化を行う ・原価管理のルール整備を行う	・生産管理の役割分担と業務を強化する ・原価検討会議を行う ・情報システム部門を強化する	・ポートフォリオ分析を教える ・商品力分析スキルを教える ・問題解決技法を学ぶ ・生産性改善の知識を学ぶ
		3．部門別損益管理制度の整備 ・部門損益計算のルールをつくる ・部門独立採算の運営のルールをつくる ・マネジメントレポートのフォームをつくる	・部門長の責任と権限を明らかにする ・部門別業績検討会議を行う ・組織をスリム化し，戦力化する ・管理コストの適正水準を検証する	・業務改善方法を教える ・内部統制の整備方法を教える ・営業活動分析を行う ・営業スキルを共有化する
P	予算管理制度の整備 ステップⅡ	・予算管理のルールをつくる ・予算差異分析手法を導入する ・業績の先行指標を導入する ・投資の意思決定ルールをつくる	・人材育成手法を導入する ・予算会議を行う ・成果配分の導入を検討する ・各種会議を効率化する ・社員の能力基準，人事考課制度をつくる	・バリューチェーン分析と競争力強化の手法を教える ・売上予算の編成に必要な営業情報を明確化する ・顧客開拓手法を共有化する
S	戦略的経営計画の整備 ステップⅢ	・経営計画の策定プロセスとルールをつくる ・新規事業やM&Aのルールをつくる	・計画プロジェクトチームを編成する ・企画スタッフを充実する ・経営体質を検討する	・業界構造分析による戦略課題を教える ・計画の基礎知識を教育する ・M&Aや新規事業の基礎知識を教える

　まず，図表Ⅱ－5をご覧いただきたい。各ステップの組織や教育の改善項目は，コンサルティング経験に基づくものであり，業績管理のレベルを上げるのに伴い生じる経営上の問題意識や，具体的な収益改善テーマから必然的に派生する課題を取り上げている。

　したがって，これらの仕組みや組織，教育に関する項目のレベルアップを行わない限り，それぞれのステップで解説している業績管理制度は機能しにくいという意味で取り上げている。

　次項から具体的に成果を上げるために必要なMaPS各ステップの内容と，3S原則との関連性の内容について説明しよう。

(2)　月次決算制度の整備（ステップⅠ－1）

　MaPSの最初のステップは，月次決算制度の導入である。月次決算は業績管理の基本であり，月次決算の内容（実績把握の対象と分析レベル）を見れば，会社の管理レベルの良し悪しは，おおよそ想像ができるものである。

　中堅中小企業では，月次決算の重要性がさまざまな形で指摘されているにもかかわらず，未整備となっている会社が多い。そこで最初のステップでは，月次決算の重要性を全社に訴え，業績を管理職向けにオープンにし，業績に関心をもたせ，業績上の問題について共通意識を作り上げることが目的となる。

　ここでの直接のテーマは月次決算の整備であり，3Sの「仕組み」は，当然月次決算の正確性やタイムリー性を高めるためのルールづくり，業績検討用のフォームづくりと，業績を見る目を養うための分析指標の整備が必要になる。

　さらにこの仕組みが十分機能するために，「組織」的には，まず業績をオープンにすることに抵抗感をもっている経営者の説得が必要である。そして月次決算にタイムリー性を維持するために必要な営業など他部門の協

力，さらにオープンにした業績を検討するために会議の制度化が必要になる。

　これらの人たちの支援と協力がなければ，月次決算経営の導入が不可能なことはこれまでに経験のある読者には，よく理解いただけるであろう。

　このようにして作り上げた月次決算制度も，使う側の管理職に数値の見方，考え方，分析の方法などの基本知識がなければ，月次業績の分析と検討が行われず，単に数値を読み上げるだけの業績報告会議で終わってしまう。そのため，これらの基本知識を「教育」し，経営に必要な利益の重要性も説明することにより，管理職の問題意識を高めるのである。

(3)　原価管理制度の整備（ステップⅠ－２）

　月次実績管理の導入の第２ステップは，原価管理制度の導入である。管理職の業績改善の問題意識が高まった段階を経て，ここから具体的な収益改善テーマを検討し，粗利益などを改善する計算の「仕組み」づくりと，関連する「教育」「組織」の改善を始めることになる。

　原価管理を採用する会社にとって，最も重要な利益となる経常利益に大きく影響するのは粗利益（売上総利益）であり，その改善には原価管理の整備が不可欠である。

　本章では製造業を想定し，原価管理の「仕組み」では原価計算制度の計算ルールづくり，システムづくりのポイントを強調している。卸売業などでは商品別，顧客別の粗利益管理がテーマとなり，そのための在庫管理や販売管理のシステム整備が同時に必要になることはいうまでもない。

　原価管理データを整備しても，それを収益改善に役立てるには，製商品の競争力を分析する製商品力分析スキルや重点製商品，顧客を選別するための製商品ポートフォリオ分析の「教育」が必要となる。

　さらに，これらの分析スキルで判明した赤字などの問題製商品や顧客に対してどのような手を打つかを検討する際，その問題整理や対策立案に役

立つ技法が問題解決技法である。これらの技法を知らなければ，原価管理情報を収集しても体系的な問題整理や原因分析，対策立案ができず単なる思い込みだけの立案となるリスクがあるからである。

　原価管理制度の導入に伴う「組織」としての改善テーマは生産管理の充実である。原価情報作成とそれを利用した収益改善には，生産現場を管理する生産管理データの充実や当該部署の管理レベルの向上が不可欠である。

　さらに教育としては生産性向上に成功している先駆企業の生産性改善のためのスキルや考え方の教育が必要になる。

　原価管理制度の導入も，このように仕組みとしての原価の測定分析，報告ルール以外に，生産管理組織の充実や原価情報の結果を検討する会議，さらに原価情報を収益改善，生産性向上に活かすための分析手法，対策立案手法など，組織と教育の充実が重要になるのである。

⑷　部門別損益管理制度の整備（ステップⅠ－3）

　月次実績管理の最後のステップは，部門別損益管理制度の導入である。会社には必ず営業組織があり，それが部課別に編成されている。この制度は，組織単位別に利益責任を課し，営業等の現場が利益感度の高い組織運営に生まれ変わる仕組みを導入するものである。

　この制度の導入ポイントは，「仕組み」の面で，部門業績測定（損益計算）ルールに公平性，客観性，納得性を可能な限りもたせることである。また，現場部門にわかりやすいマネジメントレポートや業績管理指標を採用することである。

　このステップまでくると，管理職の問題意識や経営をみる目が養われ，視野も拡大してくるので，「組織」の面では，利益責任にふさわしい職務権限の委譲がテーマになってくる。これに関連する独立採算的部門経営で成功している先駆企業の事例を学び，組織運営のルールづくりを行う必要がある。

　さらに，職場別に業績検討会議を開催していると，組織のスリム化や管理コストの削減もテーマにあがるようになり，その対策も必要になる。

　「教育」の面では，管理コストの削減や業務の効率化に関連して，業務改善手法や中堅中小企業ではほとんど意識されていない内部統制整備の考え方を取り上げている。

　営業部門では売上アップがテーマになるため，営業マンの活動分析手法や能力標準化を取り上げている。営業活動はブラックボックスになりやすく，個人プレーに陥りやすい傾向があり，これにメスを入れ営業管理を強化し，それによって人材を育成することが狙いである。

　このように売上とコスト両面にわたる改善テーマに着手し，実行することにより部課長の経営意識はプロジェクトの進行とともに確実に高まり，部門別損益の改善が実現するのである。

(5)　予算管理制度の整備（ステップⅡ）

　「予算管理がうまくいかない」との悩みが多く聞かれる。この原因の多くは，目標設定前の現状分析の仕組みづくりが不十分で，目標（予算）が現実離れや的はずれになっているためであると考えてよい。

　実際の予算編成を見ていると，会社の売上や利益が簡単に上がると思っている管理職が多いのに驚くことがある。こうした意識は，ここでいう現状分析の知識が不足しているからである。

　したがって，ステップⅠで説明した月次実績管理の仕組み，組織，教育を整備することが予算の精度を高めることにつながるため，予算管理制度を導入する前に，もう一度ステップⅠが十分整備されているかチェックしていただきたい。

　さて，ステップⅠの整備が終了した後，これらの管理を通して出てきた収益改善テーマに対し年間を通して計画的に取り組むため，いよいよ予算管理制度の整備に着手する。

　予算管理制度の導入に伴う収益の改善を効果的に行うには，「教育」面において予算編成の基礎分析となる総合的な収益改善手法，競争力強化のための立案スキル，売上アップのための新規顧客開拓手法の標準化，さらに売上予算設定のための顧客情報の収集方法の改善をテーマとして取り扱う。

　「組織」面では，予算編成とフォローなどを行う予算会議の制度化はもちろん必要だが，予算達成へのモチベーションを向上させるため，成果配分の導入が改善テーマとなる。また，ここまで業績管理の各分野の整備を行ってくると社内で種々の会議が開催されるようになるので，その実効性や効率性を検討させ，会議の効率化手法の導入も必要になる。

　さらに「仕組み」面では，予算の編成ルールやフォームの見直し，統一化は当然必要であり，業績予測の精度を高めるため，業績先行指標の導入も改善テーマになる。また，予算編成上テーマになりやすい投資案件については，その評価方法と投資損失防止に対する組織の意思決定の仕組みが必要になってくる。

　中堅中小企業では，予算編成前に十分な方針を検討していないことが多く，経理部だけの集計資料に終始してしまいがちだ。そうならないためにも，こうした仕組みの改良とそれに伴う教育，組織面の整備を充実させるのである。

⑹　戦略的経営計画の整備（ステップⅢ）

　「経営計画はなぜ作るのか」。この質問に的確に答えられる経営者や管理職は意外と少ない。結論を先にいえば，会社の事業と収益構造を変えるために作るのである。これが戦略的経営計画であり，業績管理制度の最終ステップとなる。

　ここまでの月次実績管理と予算管理制度が整備されてくると，会社の管理力や人材力は，導入以前に比べ，多くの点でレベルが上がってくる。こ

れらの整備のために，一般の中堅中小企業であれば，通常2～3年はかかると思われるが，ここまでのプロセスが確実に実行され，経営や業績の内容が改善されると，そのために頑張ってきた管理職から，将来どのような会社にするのかという疑問や課題が聞かれ，計画を策定する社内の雰囲気も盛り上がってくるのが通常である。

これらのモラールの向上とともに，将来に向かっての会社像を経営幹部及び管理職のプロジェクトチームで作らせ，将来の会社像へのベクトル合わせを行うのが経営計画である。

前にも述べたように，計画の策定はこれまでの分野と違い，業界全般とその将来を見通す広い視野，さらにそこから派生する問題の解決能力が求められる。そこでは，従来の経営のやり方，事業の方向性を根本的に見直さなければならず，戦略性を問われる問題も取り扱わなければならない。

そこで「教育」項目として出てくるのが，計画策定の基本知識，さらには収益構造を変えるためのM&Aや新規事業の進め方に関する知識の修得である。

プロジェクトチームで計画を策定することを前提としているため，「組織」面ではチームの編成，中堅中小企業では手薄となっている，企画スタッフの充実がテーマとしてあげられる。

また，ここに経営理念や経営体質の検討・改善が入っているが，これらの検討がなされないままでいると，経営体質自体が計画実現の障害になることも多く見られるためである。

「仕組み」の面では，ここで説明した項目を含めた計画の策定プロセスとルールづくりが必要であり，戦略性をもたせる経営計画でネックになりやすい業界構造分析や多数乱戦業界での戦い方など，戦略に関する分析手法を充実させることになる。

このように，質の高い経営計画を策定するには，ルールなどの仕組みばかりでなく，計画に関係が深い項目の教育や計画に向かうための組織づく

りが重要なのである。

5．経営体質の違いによるMaPSストーリーの適用方法

⑴　経営体質の違いとは

　ここまでMaPS法則に基づいてそのストーリー展開の内容と成果を説明したが，実は，経営体質によってMaPSストーリーの適用方法は異なるのである。

　一律に業績管理の手順を踏むのではなく，経営体質の違いを考慮して強化の方向性を変えるのも，業績管理のプロジェクトを効果的に進めるためのポイントである。

　そこで経営体質の違いをどうみるかであるが，筆者は数多くの企業モ

図表Ⅱ－6　経営体質の分類

社長のリーダーシップ力　高

ワンマン経営
・経営者のワンマン経営の色彩が濃いので上から言われたことをやる風土
・権限委譲が遅れ，管理職に自主的改善意欲が低い傾向がある。
・管理職の人材育成に遅れる傾向がある

全員参加型経営
・全員参加型の経営スタイル
・経営者の経営観，人間観が確立し経営明確に浸透している
・社員，管理職の能力が高く自主的改善高い

管理職のリーダーシップ力
低　　　　　　　　　　　　　　　　　　　　　高

成り行き経営
・事業環境依存の成り行き経営で対症療法的な経営手法が中心
・経営理念は明確でなく信賞必罰の人事評価が曖昧になりやすい
・社員や管理者の能力が一般会社に比べ遅れがみられる

管理者中心の組織経営
・戦略経営に弱みを持つ管理中心の経営が濃い
・合議制での意思決定中心で経営者のリシップ力が弱い
・仲良し，和気あいあいの経営風土

低

基礎編

29

ラール調査を行い，その体質の違いをマトリックスにしてタイプ別に分類することにした。

　まず，タテ軸に経営者の戦略や戦術に対するリーダーシップの発揮力，ヨコ軸に管理職の経営参加や経営改善へのリーダーシップの発揮力をとり，その強弱で4象限のマトリックスを作ると図表Ⅱ－6のように分類することができる。

　この図表で示すように，経営体質は成行き経営型，管理職中心の組織経営型，ワンマン経営型，全員参加型の経営スタイル，4つに大別できる。なお，体質区分の見分け方であるが，経営者のリーダーシップ力の強弱を先に判定し，次に管理職のリーダーシップ力の強弱を判定してから，どの象限に属するかを見分けるのがポイントである。

　この体質の違いによって，業績管理の強化ポイントは異なるが，まず，この分類による経営タイプと業績との関係を確認する。

(2)　経営体質と業績との関係

①　成行き経営型・管理職中心の組織経営型

　成行き経営型は，経営者と管理職に経営や業績向上への積極性は見られず，外部環境の良し悪しのみに業績が依存しているので，当然のこと，こうした会社は環境によって業績が左右されやすく，同業他社よりも成長性，収益性ともに低い傾向がある。

　なお，このタイプの経営は中堅中小企業に数多く存在する。なぜなら，次章の説明とも関係するが，経営者の事業の情熱がうすれ，環境変化に応じた経営の進化が不足し組織の危機感や連帯感，求心力が衰えると経営が対症療法になり，成行き経営に陥りやすいからである。

　一方，管理職中心の組織経営型は，管理職のリーダーシップ依存で，経営者の戦略的リーダーシップ力が弱く，いわゆる組織病に陥りやすい経営で，業績的には事業構造の変革などの戦略性が低い事業展開のため，成長

性は低くなりがちだが，収益性は同業他社並みの傾向がある。

②　ワンマン経営型

　経営者のリーダーシップ力が極めて強く，中間管理職が十分に育たず，経営承継に問題が出やすい，創業経営者依存の経営スタイルである。

　このタイプの企業は創業者の営業力，管理力の強さからリーダーシップが発揮されているため，売上成長性は同業他社に比べて高いものの，収益性に関しては現場の管理力が弱いため，同業他社並み程度の傾向である。

③　全員参加型経営

　経営者の戦略的リーダーシップ力が強く，管理職はその戦略に基づいて，戦術や業務の意思決定と行動でリーダーシップ力があり，両者がうまくかみあった状態にある経営で，独自の経営管理スキルももっている。この区分の会社は売上成長性，収益性ともに同業他社に比べて高い傾向がある。

(3)　経営タイプ別－業績管理強化の方向性

　経営体質の違いによる業績管理の強化の方向性は，次のような指針となる。

①　ワンマン経営型

　このタイプは，経営者のリーダーシップが強いため，管理職が育たず，管理職中心に進める部門別損益管理などの業績管理が十分でない問題がある。業務の見える化，標準化も遅れているため，業務改善の対象分野も多くあるはずである。

　したがって，業績管理の手順に沿って，業務の標準化や管理職の人材育成を主眼においた業績管理の強化を行うのがポイントとなる。業績管理マニュアルの作成（第Ⅳ章参照）を，管理職の人材育成の目的にするのも適

切な導入法である。

②　全員参加型経営

　数としては，このタイプの企業は非常に少ない。業績が好調で優良企業かそれに近い会社である可能性が高いと思われる。しかし，業績管理のマニュアル化，標準化という点では整備されていない分野があるはずであり，業績管理マニュアルの作成という形で強化を行うのがポイントとなる。

③　成行き経営型

　本書がターゲットとしている対象会社の典型例であり，このタイプは，中堅中小企業に数多く存在していると思われる。このタイプの業績管理の強化方針は，MaPSの手順に従って月次損益管理の充実から強化を進め，予算管理から経営計画へと進める段階的強化策が適切である。このタイプの企業であれば，整備と強化に少なくても３～５年を要するであろうが，そのステップを着実に実行すれば収益力は確実に向上する。

④　管理職中心の組織経営型

　このタイプは，業績管理の形は一応整っているが，内容的に十分でない分野があるはずであり，MaPSの手順に従って月次損益管理の整備から始め，管理が行き届いていない分野の強化を行っていくのが適切であろう。
　特に戦略的経営計画のステップは計画の戦略性を含め，問題が多く見られると予測されるので，経営計画の充実を重点的に行うのがポイントとなる。

業績管理＆守，破，離

Column 2

改善・改革へのステップ
MaPSの意味と考え方

　スポーツ選手や一流芸人が，修業の経験の蓄積のプロセスを「守，破，離」と語ることがある。この考え方は，基本となる形を十分に習熟してから周辺領域まで手を伸ばし，それにより深い技能を身につけることができ，一流の技能に達するという意味である。この進化のプロセスは，経営改善でも同じことが当てはまる。

　生産現場の「カイゼン」事例研究や理論で多くの本を出している遠藤功氏は，メーカー，サービス業の現場「カイゼン」の成功パターンを体系化している。それが「保つ能力」→「改善する能力」→「改革する能力」のプロセスである。これはある意味「守，破，離」と同じく基本から応用への標準的な成功パターンといえるステップである。

　業績管理のMaPSの流れも，保つ力（月次業績管理で管理の基本をつくる），改善する力（予算管理で改善を本格化し，競争力を向上），改革する力（経営計画で収益構造を改革）という守りを固めてから攻めに転じるプロセスである。

　基本である守りをまず重視し収益力を実現，その収益力，資金力を生かして攻めに転じるのが，MaPSの基本となる意味と考え方である。

1. 保つ能力

職場の規律やコスト，品質，納期の標準化を行い，それを継続して維持する力

2. 改善する能力

コスト，納期，品質をレベルアップするための改善にチャレンジして，それを達成する能力

3. 改革，創造する能力

コスト，納期，品質の大幅な改善，改革を創造し，それにチャレンジして，達成する能力

第 III 章

業績管理の成功要因 PWC

1．PWCとは

　コンピュータはソフトがなければシステムが動かないように，業績管理システムがハードであるとすれば，業績管理に対するソフトがなければうまく運用できないし，成果も出にくいのである。

　このソフトにあたる部分は運用に係る人の心の部分であり，組織風土や企業体質といわれる。

　昔年から名だたる経営者は，"三意の精神"という言葉で社員の意識やモラール向上を発揚してきた。三意とは，「熱意，創意，総意」である。社員が全員で総力を挙げて，仕事に情熱を持ち，その創造力を発揮することが会社の発展の基盤になるという意味である。

　ここで伝えたいのは，同意であるが，情熱＝熱意，知恵の向上＝創意，求心力＝総意である。

　具体的には業績管理の強化も，

- ●情熱（業績や仕事・業務に対するもの）
- ●知識の蓄積と知恵の進化（業務のノウハウ向上やその進化）
- ●組織の求心力（連帯力，協調性，組織ベクトルの一致）

の3要素を盛り上げながら進めていく必要がある。

　筆者はそれを英語の頭文字をとって，PWC（Passion＝情熱，Wisdom＝知恵，Corporate＝求心力）と呼び，業績管理でMaPSを運用する際，その各ステップで必要な組織の価値観としてのPWCを会社の中に体質として根付かせることを重視している。

　別の観点でPWCの重要性を説明すると，経営力向上のために三識（問題意識，知識，組織）が重要（第Ⅱ章3節「3Sの原則」）と述べたが，これを分けて考えれば，

- ●問題意識はそれを業績改善への情熱まで高め，利益意識を強化する必

要がある
- 知識はそれを蓄積して独自の知恵が出るまで高める必要がある
- 組織は形だけではなく協調性を強化し，そのベクトルを合わせ求心力が発揮できるまで高める必要がある

と説明することもできる。

　したがってこの観点でも，PWCが業績管理を定着させ，業績向上へ役立てる重要なキーワードであることは理解いただけたであろう。

2．なぜ，PWCが組織に必要なのか

　この3要素の必要性を理解するには，会社の資金が人間の血液にたとえられるように，体の組織機能で考えるとわかりやすい。

　人体の組織は，医療が進んだ今でも十分には解明できていない神秘の産物である。それはエネルギーの塊であり，各内臓器官の調和は全体として不思議，知恵の集積でもある。血管の長さは動脈，静脈，毛細血管まで含めるとその総延長は10万kmに達し，地球の2周半の長さである。それらに血液の循環をさせる心臓のもつエネルギーの大きさには驚かされる。このエネルギーは，組織のマインドでいえば情熱ということができる。

　また，人体は種々の細胞，組織，器官で構成されており，それぞれが特定の役割を果たしながら安定して生命を維持するように働いており，細胞，組織，器官の連携プレーと調和の力で成り立っている。この調和力は，組織のマインドでいえば，調和する力，協調性，求心力ということができる。

　さらにこれら人体の神秘は，生命の進化の結果としてのノウハウの集積，いわば知恵（ノウハウ）の蓄積と見ることもできる。組織のマインドでいえば，知恵の進化，ノウハウの向上力ということができる。

　このように人体組織がもつ機能は，エネルギーの塊，調和（求心力）の集積，知恵（ノウハウ）の蓄積であり，会社も人体と同じ組織体と考えれ

ば，その進化向上には，この３要素が重要となる。

　こうした神秘に包まれた体を人間は誰でも生まれながらにして，無料（タダ）で与えられているのだから，この貴重な機能を組織の仕事のなかで発揮するのは，人間である生命体として当然の義務であるともいえる。

　経営において，組織観，生命観，自然観が重要とよくいわれるが，その本質の見方をすると，このような考え方に誰でも達すると筆者は考える。

３．PWCとMaPSとの関連性

　業績管理の強化に，組織の体質といえるPWCの３要素が深く関連していることは，中堅中小企業のコンサルティングに少しでもかかわった経験のある方であればよく理解されているであろう。

　プロジェクトを進めるには，このPWCがエネルギーとなるマインドであることを会社の経営者・幹部によく認識していただき，それを常に意識して業績管理強化を進める必要がある。

　また，各ステップでプロジェクトが円滑に進まなくなったときには，このPWCの何が不足しているかを検証・指摘して，ネックの３要素を改めて共有化，強化するようプロジェクトを進めていかなければならない。

　プロジェクトを進めていくと，「××が協力してくれない」「△△のリーダーシップが足りない」など，不満や諦め感が出てくることもある。原因を探ると，PWCの３要素が弱いために生じていることは自明の理であり，業績管理プロジェクトを進める前に約束事として各ステップで必要になるPWCの要素を共有の価値観としてもつことを会社，幹部・管理職に約束してもらうなどの指導が必要になる。

　業績管理強化の各分野のプロセスで必要となるPWCの内容は，図表Ⅲ－１のとおりである。

| 図表Ⅲ－1 | PWCとMaPSの関連性 |

	P 情熱 利益意識の向上	W 知識蓄積と知恵の向上 経営ロジック	C 組織の求心力 連帯感，一体感づくり 価値観の共有
Ma 月次決算	・業績検討会議での業績向上の意識（経営者，幹部）	・会社業績（利益）と経営上の問題点（因果関係）の理解とその解決の知恵	・経営者，幹部とのコミュニケーション強化と共通意識作づくり（ベクトル合わせ）
Ma 原価管理	・原価検討会議や粗利益の改善プロジェクトでの粗利益や生産性の改善の意欲の向上（管理職）	・粗利益改善のための商品（製品）別損益の問題点把握と原因，対策を生み出す知恵	・経営者，幹部，管理職の収益改善目標意識の共有化 ・粗利益改善のための社内の信頼関係，協力関係の構築
Ma 部門別損益	・部門長のマネジメント意識の向上と社員の利益意識の向上	・部門利益向上のための問題点の把握とその解決のための業務改善の知恵	・部門長の社員との利益意識（価値観）の共有化 ・職場での生産性の改善のコミュニケーションの活発化
P 予算制度	・経営者，幹部の予算目標達成の意識の向上 ・競争力強化のための課題解決の意識の向上	・予算による競争力強化のための問題点把握とその課題解決の知恵とノウハウ向上	・予算目標達成のためのモチベーション向上とコミュニケーションの活発化
S 戦略的経営計画	・経営計画の目標達成意欲の向上とその継続化	・戦略（収益構造改善）の実現のための経営上の課題発見と解決能力（知恵）の向上	・経営者，幹部，管理職の長期ビジョン，将来像の共有化

4．業務改善で求められるPWCの発揮プロセス

　図表Ⅲ－1でMaPSの各段階で求められるPWCの内容について説明したが，MaPSの各プロセスで必要な収益改善のための業務改善でも，幹部や管理職にはこのPWCに基づく行動改善が求められることになる。

　業務改善で求められる幹部・管理職のPWCの行動習慣は，図表Ⅲ－2で示す3，4レベルの行動習慣である。この行動習慣がないと業績管理の各プロセスで求められる業務改善や収益改善は実現できず，業績管理の進化は不可能である。

　この進化プロセスの1，2の段階は，業績管理が弱い会社の管理職の行動パターンである。このステップの3から4段階まで管理職の行動レベルを上げないと，業績管理の強化による収益改善は十分実現できないため，業績管理の強化にあたって管理職の求められる行動変容として幹部や管理職に共通の意識と認識を持たせる必要がある。

5．PWCと経営体質の関係

　第Ⅱ章5節で説明した経営体質は，ここまで説明したPWCの項目で説明できる。前章では，経営体質を分類するのに経営者と管理職のリーダーシップ力を分類軸に使っているが，このリーダーシップ力とはPWCの各要素を会社の経営の中で実現している力の発揮の状況に他ならない。

　すなわち，経営者，管理職のリーダーシップ力を判断する項目は，経営者，管理職の会社の事業への情熱の発揮，事業の知識，知恵の進化，組織の求心力，連帯力の発揮の強さや牽引力をいい，この力の強弱の状況こそが体質を分類する項目である。

　筆者は，経営体質モラール調査として10社程度，会社経営における

図表Ⅲ－2　PWCの進化段階

	P：情熱	W：知恵	C：求心力
1	会社の課題，部門の課題を把握できておらず，その解決に貢献する意欲もなく自分の仕事だけに追われている。	管理職としての知識はほとんどなく，管理職としてのあるべき姿や行動を考えておらず現場の仕事に追われている。	管理職に部門や組織内の連帯感，求心力を気遣い，それを盛り上げる行動がなく，職場での連帯感，協調性はよくない。
2	会社の課題，部門の課題を把握し理解しているが行動が伴わず，上からの指示待ちで，その解決のための積極的行動ができていない。	管理職の求められる能力，知識は何かを考え，それを身につけるための自己啓発を行い，基本的な能力と知識を持っているが，会社への批判や批評のみでそれが業務の改善に表れていない。	管理職として部門や職場の連帯感や求心力が高まるよう，部下との十分なコミュニケーションを行い部下のモラール向上，連帯感向上を行っているが，業務改善や業績向上には貢献していない。
3	業績向上のため会社の課題，部門の課題を理解しその解決のための行動を自主的に起こし，業務改善のため部門や職場のモラールや情熱を盛り上げているが，そのリーダー役にはなっていない。	部門や会社の課題解決のため，管理職としてあるべき姿や行動，仕事に求められる知識，能力を自己啓発等で身につけ，それを会社の業務に適用して業務改善を行い，会社独自の業務改善のノウハウを生み出しているが，その成果は十分出ていない。	管理職として部門や職場の連帯感，求心力の向上を業務改善を通して行っており，業務改善のため部門の組織力を十分に生かしているがその成果は十分ではない。
4	業績向上のため会社の課題，部門の課題の解決のための行動を自発的，積極的に起こし業務改善のリーダー役として機能しており，部門の業績向上に貢献している。	管理職として会社や部門の課題解決のため仕事で求められる知識と能力，行動を十分に身につけ，それを実務に適用し，業務改善を積極的に行い，会社独自のノウハウや知恵を多く生み出し会社の業績向上に役立っている。	管理職として部門や職場の業務改善のため，職場ミーティングやコミュニケーションを頻繁に行い，部門や職場の業務改善のモラールを高めその結束力，連帯感が業績向上の成果に結びついている。

PWCの状況を50問の質問で管理職にアンケートを行い，経営者，管理職のリーダーシップの状況調査を行った。それに基づき経営体質分類のどこに属するかを判断しており，この分類により業績管理指導の有用な情報が得られている。

　その結果であるPWCの総合点が高い順にランクをつけると，

全員参加経営　＞　ワンマン経営　＞　組織経営　＞　成り行き経営

となっている。

　したがって，このPWCの判断基準となる項目（Column 3ではその具体例を説明している）を十分に考慮して，経営体質の理解と判断を行っていただきたい。

業績管理＆PWC

Column 3

超優良企業と著名経営者の
PWCから学ぶ

　業績管理制度の成功要因にはPWC（情熱，知恵，求心力）が不可欠であり，換言すれば，PWCの結晶が業績向上である。

　したがって業績が悪いということは，このPWCが他社に比べ劣っていることの表れである。いくら業績管理システムを整備しても，業績を良くするにはPWCを組織に注ぎ込まなければならない。

　それを学ぶよい事例として，超優良企業で有名なキーエンスと著名経営者である稲盛和夫氏のPWCを筆者なりに整理してみた。

⑴　キーエンスのPWC

　キーエンスはファクトリーオートメーションの分野で，各種センサー測定機器の開発，設計，製造，販売を営み，この分野で競争優位を実現している。

　その業績を見ると，売上高5,000億円強，営業利益率50％，自己資本率95％を達成している高業績企業である。

　同社はマスコミにあまり登場せずその経営手法はベールに包まれているが，ディスクロージャー誌でその経営特徴がある程度わかるため，事業の情熱，知恵の発揮，求心力の3要素PWCでまとめたので参考にしていただきたい。

キーエンスの経営の仕組み

**事業ビジョン，理念
（事業への情熱）**

高付加価値製品を通して，生産現場の生産性向上，品質向上に貢献する

▶

・世界初の製品を連発する企画開発力
　▶（新商品の7割が世界初，業界初）
・顧客に密着したコンサルティングサービス
・高品質な製品を製造する体制づくり
　▶ファブレス企業だが，製造の丸投げはせず，生産技術，生産企画，品質管理，組立図面の提供や部材の支給も行い，生産に深く関与

付加価値の創造こそが会社の存在意義

▶

・従業員一人ひとりが生み出した付加価値が，広く社会に貢献できるように，全社を挙げて業務に真摯に取り組んでいく

知恵の発揮

・経営にとって当たり前のことを当たり前に実践する
・原理原則で考え，システム思考を重視する
・議論優先で十分に議論を尽くして，良い悪いを明確にしていく
・絶えざる経営の効率化を行う
・意思決定と業務執行の迅速化を行う
・顧客のニーズの収集や営業プロセスの標準化，データ化，見える化を進める

組織の求心力

・経営者の志と自己規律に磨きをかける
・徹底した対話によって，経営理念，行動指針と戦略の共有化と，その実効性を上げる
・取締役の数は，最小限で社内の情報の流れをよくする
・各社員がお互いに人間性を尊重し，働きがいのある職場づくりを目指しながら，企業の永続的な付加価値に貢献する
　▶積極的に仕事を任せる。育成の基礎となるOJT
　▶研修で総合的な能力開発を促す
・オープンな組織づくり
　▶気兼ねなく自主性をもって自由に発言できる風土
　▶誰が言ったかではなく，何を言ったかということを大切にし，誰もが自由に自分の意見を発言できる環境づくり
　▶上下を意識しないですむ役職でなく「○○さん」と呼び合う
　▶新入社員でも自分が正しいと思うことを主張できる風土を維持
・オフィス空間は，間仕切りをなくし，オープンに議論ができる環境を整えている

(2)　稲盛和夫氏のPWC

　著名な経営者の経営の哲学や考え方も同様にPWCで整理できる。その代表格が京セラを創業し発展させた稲盛和夫氏である。稲盛氏はその経営手法を著書『京セラフィロソフィー』で整理している

　稲盛氏は人材育成や人材評価の方程式として「情熱×能力×考え方」を挙げている。このなかで能力は知恵の発揮として整理し，考え方とは組織に協調性や求心力もたらす考え方であり，ここでは求心力の項目で整理している。

　稲盛氏のこの京セラ哲学は，業績管理の強化プロジェクトを行う際，PWC発揮の具体例として参考になり，業績向上をもたらすPWCの珠玉の言葉として参考にしていただきたい。

情　　熱

　自ら燃える／完全主義を貫く／まじめに一生懸命仕事に打ち込む／仕事を好きになる／信念を貫く／真の勇気を持つ／闘争心を持つ／自らの道は自ら切り開く／有言実行で事に当たる／見えてくるまで考え抜く／成功するまであきらめない／潜在意識まで到達する強い持続した願望を持つ／人間の無限の可能性を追求する／チャレンジ精神を持つ／もう駄目だという時が仕事の始まり

知恵の発揮

　知識より体得する／大胆さと細心さを併せ持つ／常に創造的な仕事をする／物事の本質を究める／完全主義を貫く／楽観的に構想し，悲観的に計画し，楽観的に実行する／健全資産の原則を貫く／採算意識を高める／原理原則に従う／日々採算をとる／物事をシンプルに捉える

求心力

　愛と誠と調和の心をベースとする／大家族主義で経営する／ベクトルを合わせる／ガラス張りで経営する／全員参加で経営する／きれいな心，素直な心を持つ／常に謙虚でなければならない／常に明るくする／信頼関係を築く／バランスの取れた人間性を備える／利他の心を判断基準にする／本音でぶつかれ／私心のない判断を行う

第IV章

業績管理のマニュアル化

1. 業績管理マニュアル化のすすめ

　業績管理マニュアルとは，会社の業績管理の整備強化の手順や業績管理のポイントをまとめたもので，業績管理の指針，ノウハウとなるものである。

　このマニュアルがあることで，業績管理の手続きが標準化され，管理職向けの業績管理の手引書にもなるため，管理職育成にもつながる。

　こうした効果がある業績管理マニュアルだが，実務でなかなか定着しないのは，その導入にあたり，経営管理全般にわたる視野と業務改善知識が不可欠で，企画や財務経理を中心にした全社プロジェクトが組まれないと作成が難しいためである。

　さらに経理・財務部門自体が能力アップすることで，他部門への交渉力を高める必要がある。その補佐役として税理士，会計士などのコンサルタントが対処することも多いが，その機能を果たせる人材は少ないのが実情である。今後期待にかなう人材が増加することを期待したい。

　業績管理マニュアルの導入効果をリストアップすると，図表Ⅳ－１のとおりである。

2. マニュアルの効果的なつくり方

　マニュアルを新規につくる場合は，本書に基づくMaPSの整備強化策を各章の解説項目を中心にマニュアル化していくのが，効率的，かつ，効果的である。

　これによって，新たな管理改善点や収益源が見つかり，業績管理の見える化とともに収益改善が実現でき，その点でも効果的なつくり方といえる。

　この手順以外にも，経理規程，業務分掌規程などで，すでに管理スタイ

図表Ⅳ－1	業績管理マニュアルの一般的効果

(1)　業績管理のルールを標準化，統一化

　業績管理の方法が見える化，標準化され，部課の違いや管理職の違いによって管理手法が異なるといった管理のムラを防ぐことができる。

(2)　社長，幹部の業績向上指示や命令の標準化，統一化

　業績改善の指示や命令が標準化され，場当り的な売上や利益アップの指示，命令を防止でき，体系的，統一的な業績改善指示が可能になり，指示命令を出す社長や幹部の負担軽減にもつながる。

(3)　管理職の人材育成

　業績管理の手続きがルール化されることで，管理職がマニュアルをテキストとして自己学習に利用でき，早期の人材育成に役立つ。またマニュアルを進化させることに伴い，管理職の行動変化，意識改革により収益力，経営力が向上する効果もある。

(4)　事業継承ツール

　業績管理マニュアルの作成に後継者を関与させることで，後継者育成につながり，後継者がそれに従ったリーダーシップを発揮することで，経営システムを承継しやすくなる効果がある。

(5)　被買収会社の収益改善の指導ツール

　M&A実施後，被買収会社に対し経営の監視機能を高める必要があるが，そのための監視管理ツールや収益改善の指導ツールとして利用でき，収益力アップにつながる効果がある。

ルが確立している会社では，現在行われている業績管理手順やルールを文書化し，本書で解説している項目について再検討を行い，会社の業績管理の改善点を見つけていく手法も効率的な作成手法である。

　ぜひ，こうした手法により会社の業績管理の見える化，標準化を目指し

てトライしてほしい。

３．マニュアル事例から全体像を把握

　業績管理マニュアルの構成内容は，次の具体例に示すようなMaPSの整備手順に従い，月次決算整備から始まる一連のプロセスを手順化し，コンパクトにまとめていくスタイルがオーソドックスな形である。

　これ以外にも経営管理の，重要な営業管理，生産管理，購買・外注管理などの管理手続きや管理ポイント，さらに人材育成手法や管理職の能力基準，行動基準など，人材育成モデルまで含めるのが望ましい。

　これらの領域は，業績管理の強化に伴って業務改善を行うべきであり，収益改善上も強化を行うべき分野であるからである。

　筆者は売上100億円の自動車ディーラーの社長の指示で，社内業務の効率化指導を行ったことがあるが，社長のもつセールスノウハウがマニュアル化されておらず，そのスキルの継承に苦労されていた。これなども業績管理マニュアルの一部として含めるべきものである。

業績管理マニュアル事例（全体像）

基礎編

Ⅰ．業績管理マニュアルの目的と期待する効果

Ⅱ．わが社の業績管理マニュアルの体系

　　B/S，P/Lと経営改善（管理）活動の体系図と各分野の改善のポイントを明確化する

Ⅲ．わが社の業績分析

　・過年度業績推移表と業績上の問題点

　　過去の反省から業績の向上は始まる

　・同業他社比較分析と業績上の問題点

　　同業他社からマネることも大切

　・会社の同業他社比較と過年度推移から見る業績改善のポイント

　　ここを注意して業績を改善しよう

　・幹部・管理職に求められる決算書の見方，考え方

　　管理職には，経営数値を理解する力が必要

　・幹部・管理職に求められる経営分析手法

　　管理職は，業績数値の良否を判断する力が必要

　・管理職に求められる業績管理強化のための姿勢，考え方，行動

　　管理職が正しいリーダーシップを発揮することが重要となる

Ⅳ．月次業績管理ルール

１．月次損益（決算）管理ルール

　・会計方針

　　正しい業績が出せる会計へ

　・月次決算フォーム

　　見やすい，わかりやすい表へ

　・月次決算業務フロー

　　月次決算は，スピード重視で

　・月次決算の迅速化のための業務改善事項

　　　決算業務は，スケジュール化，標準化が大切
　　・月次決算の業績向上のための検討方法
　　　業績の正しい反省の方法を知り，ルール化することが大切
　　・会社の重要なKPI指標
　　　会社の業績を左右する指標はコレ
　　・KPI指標の改善に係る業務改善強化ポイント
　　　その指標の数値を良くするのは，この業務の強化と改善が必要
　2．月次業績の業績検討ルール
　　・利益の重要性
　　　利益は，理念ビジョンを実現するためにある
　　　利益は，経営の価値増殖活動を表す指標である
　　　業績向上の決め手は，知識，知恵の向上／職場間の連携／情熱の発揮
　　　から導かれる
　　・会議の運営ルール
　　　会議は，報告会ではなく，問題解決型にする
　　・会議議事録の作成方法
　　　議事録は，必ず取る
　　・成果を出すための会議の留意点
　　　業績の因果の追究は，厳しく行う
　　・当社の収益改善課題と収益改善のためのアプローチ手法
　　　重要な経営管理分野の業務改善が利益を出すポイントとなる
　　・業務プロセスの見える化とプロセス管理手法
　　　業務フローの見える化は，業務改善に不可欠の手順
　　・導入すべき業務改善手法の説明
　　　業務改善のアプローチは，事前に決めておく
　3．粗利益管理ルール
　　・製品の原価計算ルール

- ・予算編成のポイント

  予算数値を形式化させないポイント

- ・予算編成べからず集

  予算編成で陥りやすい落し穴とは

- ・予実差異の分析方法とフォロー方法

  差異が合理的に説明できるか，原因を幅広くとらえているか

- ・予算の実行フォロー会議の進め方とポイント

Ⅵ. 経営計画策定ルール編

- ・経営計画プロジェクトチームの編成と留意点

  計画は会社の情熱，知恵を集めて作成しよう

- ・一般経済環境の将来予測の方法

  将来の経済環境と会社への影響を考えよう

- ・業界動向，業界構造の変化の予測の方法

  将来の業界がどうなるかを考え，戦略を立案しよう

- ・競争会社の競争力比較評価の方法

  会社の競争力を素直に反省し戦略を立案しよう

- ・自社の戦略上の課題整理の方法

  会社の戦略，戦術課題を整理して目標を定めよう

- ・自社の中期戦略と方針の策定方法

  目標から逆算して戦略，戦術を定めよう

- ・戦略，方針に基づく数値計画の策定方法

  戦略，戦術と整合性のある数値計画をつくろう

  計画は分野別，部門別に具体化細分化しよう

- ・経営計画の編纂方法

  計画は計画書として編纂し，達成のため常に見直し修正しよう

- ・中期経営計画の発表とフォロー会議の進め方とポイント

  計画にはネーミングをつけ，発表会を開催し社員と共有化しよう

　　　　フォローアップを常に行い情熱を持ち続けよう

Ⅶ．経営管理，業務改善編

１．営業管理

　・営業活動管理手法

　　営業活動を見える化，標準化しよう

　・顧客深耕管理手法，新規顧客開拓管理手法

　　顧客開拓プロセスを標準化，共有化しよう

　・営業マン人材育成手法

　　営業マンの必要スキルを明確化しよう

　・商品サービス説明手法

　・顧客への提案手法

　　顧客への提案手法を標準化しよう

　・ライバル会社情報収集手法

　　ライバル会社について入手すべき情報はコレ

２．生産管理，原価管理

　　生産管理のPDCAの充実が生産性向上をもたらす

３．購買，外注管理

　　利は元にありで仕入先のQCDを指導向上させる

４．業務改善のための管理職に求められる考え方，姿勢，行動

　・会社の人材育成の仕組みの内容を定め，計画的な人材育成に取り組もう

　・管理職に求められる姿勢，能力，行動基準を作り，自己管理により人材育成と評価を行おう

４．マニュアルの構成内容

　業績管理マニュアルにどのような項目を含めるべきかを理解するうえで参考にしていただきたいのが，図表Ⅳ－２の81マス分解シートである。この目標分解シートは俗に曼荼羅チャートと呼ばれ，大谷翔平選手が活用している目標分解手法として有名になった。

　この手法はまず目標となる項目を定め，それを達成する手段となるテーマを８つに分解し，その８つのテーマ（手段）をさらに８つの手段に細分化する手法で，目標の全体的・構造的な把握に優れている。

　この分解手法を使い，本書の各章で説明している体系と項目を分解，整理すると，図表Ⅳ－２に表した全体構成になる。

　この分解した各項目について，業績管理の現状を本書の各章で解説している内容に基づき調べ，あるべき姿と改善点を明らかにし，業績管理マニュアルの事例も参考にして，業績向上に役立つ会社独自の業績管理マニュアルを作成していただきたい。

図表Ⅳ-2　81マス業績管理スキル体系図

経営理念ビジョン	経営観・人間観・仕事観	管理の仕組み	財務諸表3表	管理会計知識	財務分析知識	PWCの発揮	企画組織の充実	会議システム
利益意識	意識	PDCAサイクル	収益改善知識	業務改善知識	業務改善知識	社長、管理職のリーダーシップ力	組織づくり	権限移譲職務分掌
経営体質調査	仕事習慣5Sの導入	人材育成の仕組み	業務知識	マネジメント知識	問題解決技法	人材育成システム	能力基準づくり	管理者の行動基準づくり
報告のタイムリー性	業績測定ルール	業績報告形式	意識	知識	組織づくり	原価計算制度の導入	製品・顧客別ポートフォリオ分析	コストダウン手法
利益の意味	月次業績管理	管理の意味	月次業績管理	業績管理	相利益管理	生産管理情報の充実	相利益管理	原価検討会議
業績検討会議ルール	業務改善ルール	業務分析手法	部門損益管理	予算管理	戦略計画	営業管理の強化	生産管理の強化	原価管理の強化
業績測定ツール	業績報告形式	業績分析手法	予算体系	競争力強化スキル	収益改善アプローチ	計画の体系	現状分析手法	戦略立案手法
業務分掌の見直し	部門損益管理	業績検討会議	予算実績会議	予算管理	予算フォロー	方針施策立案手法	戦略計画	経営体質分析
業務効率化手法	内部取引ルールの整備	他社事例研究	成果配分	予算差異分析手法	業務改善手法	計画差異分析手法	人材育成計画	計画フォロー手続き

総論　基礎編

5. 業績管理マニュアル―全体スキーム図

　業績管理マニュアルの必要性，効果，事例，内容の体系を解説したので，最後に業績管理マニュアルをクライアントに提案，説明するのに役立つ，全体のスキーム図（図表Ⅳ-3）を掲げる。業績管理全体像の理解につなげていただきたい。

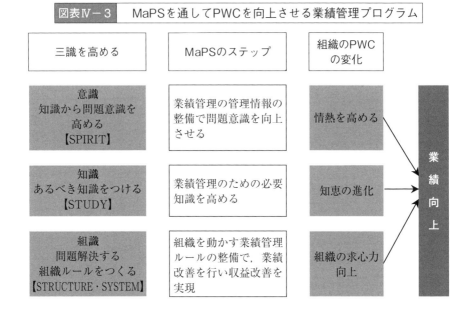

図表Ⅳ-3　MaPSを通してPWCを向上させる業績管理プログラム

三識を高める	MaPSのステップ	組織のPWCの変化	
意識 知識から問題意識を高める 【SPIRIT】	業績管理の管理情報の整備で問題意識を向上させる	情熱を高める	業績向上
知識 あるべき知識をつける 【STUDY】	業績管理のための必要知識を高める	知恵の進化	
組識 問題解決する組織ルールをつくる 【STRUCTURE・SYSTEM】	組織を動かす業績管理ルールの整備で，業績改善を行い収益改善を実現	組織の求心力向上	

　業績管理の強化は，業績向上のため，組織のPWCを向上させることである。そのために経営力向上の基礎となる三識の向上をMaPSのプログラムを通して行うことになる。

　具体的に意識は，業績管理のデータを整備して業績上問題となる領域の問題意識を高めることになる。たとえば赤字や低採算の全体業績，部門，

製品，顧客などである。また，この問題意識を利益意識まで高め，さらに
業績向上への情熱までMaPSを通して高めていくことになる。

　この業績上の問題を理解し解決するためには，業績管理の諸々の知識が
必要になる。その知識を活用して自社の独自の知恵，ノウハウまで高め，
業績向上のためのノウハウを創造し蓄積していく。

　そして会社独自のノウハウを作り出すには，組織を動かす新たなる業績
管理のルール作りが必要になる。それがMaPSの各段階での業績の測定，
報告，運用ルールである。

　MaPSはこうした体系的アプローチの手法により，業績向上のための業
績管理の強化を行うものであり，業績管理マニュアルはこのMaPSアプ
ローチにより作成する業績管理プログラムである。

業績管理＆改革成果

Column 4

成果が出せる
改革前の中堅中小企業の経営実情

　さて，ここで業績管理強化により成果が上がる中堅中小企業の経営像を列挙してみる。

◆同族経営の中堅中小企業であり，会社の業績管理はいかにあるべきかを経営者が今まで考えたことがなく，業績管理の整備が遅れている会社
◆倒産が懸念される状況にはないものの業績が低迷しており，収益（利益）向上のための業績管理を体系的，段階的に整備し，業績管理の強化，ひいては経営力の強化まで行うことを経営者が希望している会社
◆中堅中小企業を買収し，その会社の収益力をアップさせ，投資額の回収を早めるため業績管理強化の指導が必要と考えている会社
◆創業経営者から後継者にバトンタッチし，後継者は自分のリーダーシップスタイルをつくりたいため，その一環として，業績管理のツールを利用したいと考えている会社
◆株式公開を目指しているが，計画している目標の売上利益が達成できず，収益力アップのため，業績管理の強化を行いたいと考えている会社

　以上のほかにも業績管理の強化は幅広く会社の業績向上に役立つことになるが，それぞれの会社の業績や体質に応じた業績管理強化のアプローチ方法がある。
　経営体質の違いによるMaPS適用方法は第Ⅱ章５節を参照いただきたい。

第 V 章

導入前の心得
危機感を盛り上げ課題を共有化

1. 導入前の心構え

業績管理の強化プロジェクト導入の前に，ステップゼロとして，危機感を盛り上げ，会社の財務上の課題を共有化するプロセスがある。その重要性は，すでに第Ⅱ章2節(1)で解説したが，今一度，導入前の心構えを列挙してみる。本章でポイントとなる項目である。

【　　　　　　　　　　　　　　　　　—制度整備導入前の狙いとポイント—

■プロジェクトの進め方を共有化する。
■経営者，幹部の考え方を統一する。
■業績管理プロジェクトが成功裡に終わるよう意識を統一し，結束力を強める。
■障害となる事項を予測し，対策の約束事を取り決める。
■実施にあたり，MaPSの理解を深める。

会社は新しいことに取り組む際，必ずといってよいほど，現状を肯定し，変化に対して嫌悪感をもつ経営者，幹部がいる。その消極的な態度は，業績管理強化を進めるうえで，大きな障害となる。

本章では重要事項を共通認識させることにより危機感を盛り上げ，業績向上に共通意識をもった幹部・管理職を育成することを目的に，このプロセスを踏むことになる。

(1) 共通認識させるものは何か

まず共有化したいのが会社再建のプロセスに基づいたMaPSによる業績管理の各プロセスの意味と手順である。

このプロセスは，特に業績の低迷している会社で必要になるが，MaPS

の導入効果を上げるため，その導入前に各プロセスの意味と手順を共有化
し，共通認識させることを狙いにしている。

　再建事例のケーススタディーを調べてみると，多くの会社でおおむね共
通のステップを踏んでいることがわかる。それはジョン. P. コッターが，
その著書『組織変革』のなかで解説した共通の再建プロセスだ。

　このコッターの再建プロセスについてMaPSストーリーを適用し設計し
直すと，図表Ⅴ−1のような流れで指導を行うことになる。

　特に業績が低迷している会社には，このシナリオで業績管理の強化指導
を行う必要があるので，初めて取り組む場合や業績回復の緊急性に迫られ
ている場合は，このシナリオを頭に入れて進めてもらいたい。

　なお上述のように図表Ⅴ−1は，コッターの再建モデルをアレンジして
いるが，これはある会社に実際に取り入れ，無事に再生し成功させた再建
モデルのシナリオを取り入れている。

図表Ⅴ−1　再建プロセス

再建プロセス	MaPSによる業績管理の強化のシナリオ
危機感を共有化する	会社の財務上のリスクを経営者や幹部と共有化する
強力なチームを作る	経営者や幹部の結束力を強めプロジェクト進行の価値観を共有化する
明確な目標を決める	ROIなどの収益改善目標を定める
目標達成の具体的なプロセスと手法を作る	MaPSによる計画的な収益改善活動を行う
学習する組織を作る	MaPSによる収益改善のための知識の教育を行う
短期間で成果をあげる	月次業績管理の強化で経常利益を向上させる
より困難なテーマにチャレンジする	予算管理の強化で競争力を向上させる
改革プロセスを組織化して根づかせる	戦略的経営計画で収益構造の改革に挑戦する

実践編

(2) 利益を向上させるためには何が必要か

　次に業績管理強化の個々のプロセスで重要となる，組織としての利益意識の向上について考えてみたい。これに関し，PWCが重要な組織のインフラになることはすでに第Ⅲ章で説明したが，利益向上のための別の視点，すなわち，三識についてここで深掘りしてみる。

　この３要素は第Ⅱ章３節の「３Sの原則」でもふれているが，これらがPWCとともに利益を向上させるための重要な要素であることを，業績管理強化のプロジェクトに参加する幹部・管理職に理解させる必要がある。

　三識は次の図表Ⅴ－２で示すように，意識（個人，組織），個人の知識・能力，組織の連帯力である。

図表Ⅴ－２　利益を向上させる三識

①意識

（利益意識の浸透と向上）

月次業績管理，原価管理，粗利益管理，部門損益管理
情報の充実と共有，およびその管理強化
その他業績管理情報（営業，生産情報）の充実

②知識・能力の向上

（人材の能力，スキルアップ）

業務の標準化とレベルアップ
職場OJTの充実
個人のスキルの見える化

③組織力の発揮

（組織の連帯意識，結束力，協力意識）

社長，管理職のリーダーシップ力，動機づけ能力，
職場やミーティングでの連帯意識づくり
協調性，求心力を発揮する管理者，社員の行動習慣

　この関係を説明すると，個人や組織の利益意識を向上させるためには，業績管理データの充実とその管理強化が必要である。これがないと具体的な問題点の所在が発見できず，それを解消するための問題意識が起きないからである。

　さらに，この業績管理データの充実により発見された業績上の問題点を解決しようとすると，問題点となっている業務の標準化やレベルアップが迫られることになる。この業務の標準化やレベルアップには，個人の能力を向上させるための個人能力の見える化やその能力を向上させるためのOJTが必要である。

　その業務の標準化やレベルアップ，OJTには組織の連帯感，結束力がないとうまく進まないため，社長や管理職のリーダーシップ力や動機づけ能力が問われることになる。また職場や会議での連帯意識づくりやモラールアップのための管理職のリーダーシップ力が問われることになる。

　このように上記の3要素は相互に関連しながら利益を向上させる要因として機能していることになり，業績管理の強化に欠かせない要素である。

　本書では第V章から第X章までPWCを高めるため，MaPSのステップのなかでどのように三識を取り入れたか，という視点で解説しているが，これらの各ステップをこの3要素の視点から常に見て管理職の理解を深めることも必要である。

⑶　社長，幹部に共通の価値観と認識を抱かせる

　業績管理プロジェクトで確実に成果を出すためには，プロジェクトの進行に伴い生ずる障害事項について予測し，その取決めを明確化し，メンバーに共有化させる必要がある。これは，業績危機感の共有化とともに，重要である。

　障害事項となるのは，主にプロジェクトを進めるうえでの考え方である。考え方が共有化されていないと，まずそれを説明，説得するのに時間を要

実践編

し，本来の業績管理のステップになかなか進まず，プロジェクトが途中で挫折することさえあるからである。

　したがって，経営者や幹部の方々に，次の考え方を理解してもらい，それに基づいてプロジェクトを進める覚悟を固めてもらうことで，マイナス要因となる言い訳や逃げ腰姿勢を避けることができる。これらは，業績管理の強化に取り組む心構えとして，組織に浸透させる必要がある。

①　他責思考はご法度に

　業績管理のプロジェクトでよく障害となる要因に，この他責思考がある。
　業務改善策が進まない理由を尋ねると「××が悪いから」，「××が言ってもわかってくれない」など，自分以外に責任を押しつける風潮や考え方がある。これを言い訳にしてしまうと問題の解決が進まないのは当然のことで，この思考はご法度にすべきである。

②　PWCを盛り上げて業績を向上させる（Passion・Wisdom・Corporate）

　この3要素をプロジェクトメンバーが共有化し保持しないと，業績管理の強化は不可能であるため，3要素の重要性を予めメンバーに認識させ共有化する必要がある。
　業績管理の強化ステップに必要な3要素の盛り上げ方は，第Ⅲ章ですでにふれているため，ここでは解説を省略する。

③　1000％説得したか

　これは松下幸之助氏の言葉である。プロジェクト進行にあたり，新しいことを成し遂げるためには，他の組織やメンバーの協力や同意が不可欠である。
　人間は新しいことにはどうしても消極的になり，いろいろな理由をつけて，その協力をしぶるものである。松下氏は，少しくらい言っただけでは

誰も話は聞いてくれないのは当然で，100％の力を使って説得しても，せいぜいその10％しか頭に入れてくれない，本気で説得したいのなら，1000％の力を出せと言ったそうである。

　経営の神様の言葉であるが，経営上の改善，改革をするため，皆の協力が必要な時に自戒の念を込め，共有化したい名言である。この言葉を教訓に，部下や他部門との協力姿勢を盛り上げていく必要がある。

④　当たり前のことを当たり前にやる

　業績の良い企業経営者は，たびたびこの言葉を発する。業績向上のため，業務上の問題点があればそれを放置せず，全員が自主的，積極的にその問題に取り組み，解決するのは当然である。

　しかし実務上，それが難しいからこそ，あえてこの言葉が経営に対する考え方として採用されると感じる。

⑷　プラス発想，勉強好き，素直

　著名なコンサルタントの船井幸雄氏は，この３つ（プラス発想，勉強好き，素直）をもつ会社であることをコンサルタントの引受条件としていた。

　経営改善にあたって，この考え方や行動がない＝この３つの反対語であるマイナス発想，不勉強，批判的意見や考え方は，いくらコンサルタントが知恵を絞ってアドバイスしてもそれが採用されず，また，採用されたとしても実行に移せない，浸透しないなどの問題が生じ，成果が出にくいことを表している。

　業績管理を強化していくプロセスで，管理職や社員からこうした考え方や発言があるときには注意し，業績向上のための管理職の考え方を浸透させる必要がある。

実践編

2．管理の基本を教える

　業績の低迷している会社で典型的にみられるのは，仕事が忙しいのを口実に業務の標準化が行われておらず，同じ失敗，仕事上のミスが繰り返し行われていることである。いわゆる仕事上のミス，ロス，ムダ，ムリは，反省が会社として行われておらず，多忙を言い訳に「管理の基本」が定着していないのである。

　こうした会社では，次ページにあるように管理についてわかりやすい言葉で説明し，仕事や業務はやりっ放しにせず，仕事の改善には，管理の基本に従うことが重要であるということを教育する必要がある。

　このような管理思考の教育とともに重要なのが，職場での5S（整理，整頓，清掃，清潔，躾）活動の導入である。業績が低迷している会社は社員のモラールが低下していることが多く，職場の規律やマナーも乱れていることが多い。こうしたケースでは，ルールを守らせる習慣づくりがまず必要なため，5S活動を社内に定着させることを，他の業績改善活動よりも優先して行うべきである。

　会社の再建事例を調べると，最初に挑戦する改善テーマとして5Sを導入し，これで社員の求心力や結束力を高め，その後の改善活動の継続で再建を成功させている会社もあるほどである。

　ある著名なコンサルタントの言葉に「業績を変えたければ行動，考え方を変えろ。行動，考え方を変えたければ習慣を変えろ」というのがあるが，この習慣づくりの基礎として5Sを導入するのである。職場の基本プレーである5Sを定着させることで会社全体で統一した活動，すなわち，ベクトルのあった活動が行え，一定の成果が得られたという成功体験を社員に積ませることができ，その後の業績改善活動へと進むための自信を職場に植えつけることができる。

　はじめから業績改善のテクニックを教えてもルールを守る慣行のできていない会社では，目に見える結果が出にくいため，誰でも理解しやすい５S活動から業務改善の活動を始めるのも１つの有効な方法である

―管理とは―

- ■管理とは，仕事の反省のことであり，反省のないところに改善はない。
- ■管理とは，"あるべき姿"を明確に，それに近づける努力をすることである。
- ■管理とは，"あるべき姿"から問題を見つけ，その原因を探り，対策を立て問題を解消することである。
- ■管理とは，PDCAを回すことである。
- ■管理とは，仕事を標準化，ルール化することである。
- ■管理とは，仕事のQCD（品質，コスト，納期）を良くすることである。
- ■管理とは，組織のPWCが問われることである。

---

3. 利益・会計を教える

(1) 利益の重要性を教える

　業績管理の強化プロジェクトを整備する初期段階で，管理職から最もよく質問されるのは，「利益はなぜ必要か」や「どのくらい利益をあげたらよいか」といった基本的なことである。

　なぜなら，それまでは正しい月次利益が算定されておらず，業績もオープンにされていない結果，利益を目標に経営をする意識が希薄であったため，経営上の必要利益はどのくらいか，同業他社ではどのくらい利益をあげているか，会社の財務の健全化を図るためにはどのくらいの利益が必要かという視点が経営上抜けていたからである。

実践編

　十分な財務知識が養成されていないこの段階では，基本的な考え方として，利益を上げていかないと，会社は成長できないこと，経営理念に通常掲げられている「社員の豊かさ」を追求するためには，利益をあげていかない限り不可能であることなどを説明する。

　さらに，利益は会社の社会的存在価値を示し，利益をあげなければ税金の支払能力がなく，社会貢献ができていないということも説明できる。

　競争という視点から見れば，利益は競争上の優位性を示す指標であり，利益が低迷している会社は，業界での存続が危ういとみなされることなど，多様な視点から経営上の利益の不可欠性を説明することが必要である。

　こういった利益の不可欠性を訴えた後に，会社の現状体力から，経営上の利益がいくら必要かを説明することが重要である。経営上の必要利益は，会社の業種，業態，財務体質などによって異なるが，事業上のさまざまなリスクに対処するためには，どの会社においても必要な利益（経常利益）として，経営資本（総資産でもよい）の５％以上が望ましいと考える。

⑵　会計の重要性を教える

　会計というと簿記の本を思い出し，勘定科目や仕訳など，専門用語を覚えるばかりでおもしろくないと考えている人が営業職などに多い。これは，会計をおもしろく説明できる専門家や専門書に出会ったことがないからである。奇抜なテーマの会計本が売れているのも，そのせいであろう。

　会計は，ビジネスを理解するうえでの基本スキルであり，その重要性は誰もが指摘している。したがって，まず会計の重要性を教えるポイントを掲げた。

　会社の経営課題の発見や業績改善のために，会計がいかに役立つかを認識させ，会計のおもしろさを理解させ，管理職が知識の習得に積極的になるよう，ぜひ，こうした視点を取り入れた教育を，業績管理強化の最初の段階で行っていただきたい。

　　　　　　　―会計の重要性を知るためのポイント―
■会計は，経営者の通信簿（決算書）を評価する。
■会計は，経営のバランス思考を作る。
■会計は，経営のインプットとアウトプットがわかる。
■会計は，経営の業績測定ツールである。
■会計は，経営の効率性がわかる。
■会計は，会社の業績の偏差値を教えてくれる
■会計は，会社の戦略の優位性がわかる。
■会計は，会社の経営体質がわかる。また，利益をみることで会社の社会
　貢献度がわかる。
■会計には，哲学がある。
■業績格差は人材格差－人材を作るには，会計思考をマスターさせること
　が大切。

4．改善したい，利益に対する誤解・偏見

　業績管理の強化プロジェクトを進めるうえで，社長の業績（利益）に対する考え方は，極めて重要な意味をもっている。

　なぜなら社長の利益に対する見方，考え方が正しくないと，業績管理の目的と矛盾し，プロジェクトを進める動機があいまいになり，土台となる目的意識を失ってしまうからである。

　こうしたことがないよう，プロジェクトの初期段階で社長の利益に対する考え方を改善し，社長がプロジェクトリーダーとして推進できるよう指導を行う必要がある。

　トップの考え方の反動で，現場にも次のような思考が浸透することになるので，トップの考え方を正しくすることは重要である。

実
践
編

　　　　　　―トップの利益に対する誤解や偏見と現場への影響―
■利益は結果であり，目標として意識していない。
■利益は成長源であることを知らず，節税のため，抑えるべきと考えている。
■売上を伸ばし，経費を削減する，など掛け声だけで利益が出ると思っている。
■会社の管理の仕組みで，最も重要なものは，業績管理であることを知らない。
■利益を現場の人たちにオープンにすることに対し，マイナスイメージがあるから，業績内容を開示しない。
■できる人を営業に配置し，経理に人材が乏しくても管理部門にできる人材は要らないと思っている。
【現場の考え方への影響】
■利益意識が現場にない。
■利益を出すための現場の連帯感がない。
■利益を出すための現場の知恵（ノウハウ）の進化と蓄積がない。
■利益を出すための現場の情熱が希薄である。
■現場に利益を意識する管理の仕組みがない。
■現場に利益を出すことの自分へのメリットや義務感がない。

5．経営のバランス思考を教える

　利益に対する経営者の考え方の重要性を説明したが，これに通じるものに経営のバランス思考がある。このバランス思考も経営改善の際，幹部・管理職にもっていただきたい経営数値に対する考え方である。
　経営のバランス思考とは何か。筆者は，貸借対照表の借方，貸方の意味

を知ることで導かれるのではないかと考えている。

　貸借対照表の表記で「貸」が先にくるのを見てもわかるとおり，経営者の責任の第一義は，貸方重視の経営である。図表Ⅴ−3のとおり，B/Sの借方は権利を表し，貸方は義務と責任を表している。

　経営者が取引先・社員への義務や，株主への責任を重視すれば，P/L（貸方）に計上された利益はB/Sの貸方に蓄積される。

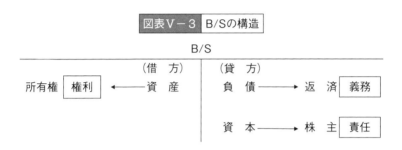

図表Ⅴ−3　B/Sの構造

　経営者が自分の金銭欲に走ればコスト（P/Lの借方）が過大になり，所有欲に走れば資産が過大（B/Sの借方）となり，権利欲に走れば財務体質が弱体化（B/S資本・貸方のマイナス）する，と理解することができ，これを経営のバランス思考ということもできる。このように権利欲（借方思考）が先行すると，経営はバランスを失うことになる。

　ドラッカーは経営者の品性として最も重要なものに，"経営の真摯さ"をあげているが，"真摯さ"とは，会社としての正しい義務と責任は何かを見極めそれを重視する，いわば「貸方重視の経営」を実践することであると考えることができる。

　その考え方からすると，保有する資産の収益性，効率性を常に検討し，その効率性を高めていくROIやROA重視の経営を導入することが，B/Sからみた経営者の責任といえる。このためROIやROAは，上場会社の業績指標の「ものさし」としても非常に多く使われている。

実
践
編

6．財務体質悪化の真因をつかむ

　財務体質悪化の真因をつかむことは，業績管理強化の必要性の共通理解を深めるのに効果がある。そして，この真因をつかむよい方法に，"なぜ，なぜ"を繰り返し追究する手法がある。

　これはトヨタの生産性向上のスキルである「カイゼン」で，物事の真因や本質を追究するのに使われる。業績管理プロジェクトでも社長，幹部の共通意識づくりに使えるので紹介しよう。たとえば次のような流れである。

> ―真因追究の流れ（トヨタのカイゼンを参考に）―
> ■財務体質が弱く，倒産リスクがある
> 　　　↓なぜ
> ■業績（利益）が長く低迷しているから
> 　　　↓なぜ
> ■成行き経営を続けていたから
> 　　　↓なぜ
> ■業績管理があまかったから
> 　　　↓なぜ
> ■経営者と幹部の勉強不足，認識不足
> 　　　↓なぜ
> ■社長，幹部のリーダーシップスタイルの問題と経営のバランス思考の低
> 　さ

　このように業績の低迷は，社長，幹部の責任に帰するところが多いが，当事者はそうは考えていないケースも多く，同じことを繰り返さないよう，この原因を探る手法で，本質をつかみ，当事者に適切なアドバイスを行うことで業績管理強化のプロジェクトを進めるベースを作っていただきたい。

７．部門と部門の隙間に利益の源泉がある

　コンサルタントの着眼点として常識化された考え方がこの視点である。会社業務の意思決定のなかには，自部門中心の考え方で決定がなされることが多くあり，他部門からの見方・考え方が不足し，全社的な観点からの検討も不足したまま，意思決定が行われることが生じやすい。いわゆる部門セクショナリズムによる弊害である。

　たとえば設備投資の際，目先の生産スピードアップや便利さのメリットばかりが優先され，その売上の継続的な受注可能性から見た設備投資の回収期間や関連コストも含めた資金負担とそのリスクの視点が不足するのである。筆者が目の当たりにした経験は，ある商社のシステム部門のシステム設計の発注である。この部門の利害と都合で設計が発注されたにもかかわらず，そのシステムには収益改善策の検討元になる顧客や商品ごとの粗利管理データが不足していたのだ。こうした管理データの不備もこれに類する問題である。

　部門と部門の隙間に利益の源泉があるということは，逆に機会損失の原因にもなるということである。会社の意思決定ではこうしたセクショナリズムによる弊害が生じやすいので，業績管理を整備する際には収益改善の着眼点として意識していただきたい。

８．リバウンドに気をつける

　業績管理プロジェクトを発足し，コンサルティングを行って数年経過すると成果（利益）が向上され，安定的収益があげられる状態になる会社が多い。ここで注意したいのがリバウンドである。

　喉元過ぎれば熱さを忘れるではないが，収益力が低迷し危機的状態に

実
践
編

あったが，業績が安定してくると安心感からか，プロジェクトの低迷やマンネリ化，社長がバランスを失った投資案件を提案する場合もある。会社によっては底辺でくすぶっていた役員の対立が生じることもある。

　これを筆者は，リバウンド現象といっているが，業績管理プロジェクトによる成果で業績が安定してくると起きやすい現象で，危機感も薄れている。指導する側としては事前にこの発生リスクを伝え，注意喚起する必要がある。こうした安心感が出やすい時期に，今度は将来の危機感を盛り上げる戦略的経営計画を提案し着手する手段がある。その意味でも，本書は最終章に経営計画制度を，最後のステップとしていることにも留意していただきたい。

９．経営数値を使った経営課題の提起方法

　実践前の最後に，具体的に経営数値で危機感を盛り上げる，財務上の課題提起の方法を説明したい。財務体質強化に関して，会社は一般にどの位の収益力が適切なのか，どの位の財務体質が望ましいのか，同業他社はどの位の収益力，売上成長性，財務体質をもっているのかなど，“あるべき数値”の知識はほとんどないのが実態である。そこで収益性，成長性，安全性といった経営分析指標を使い，自社の指標が同業他社に比べて劣っている点を明確化することで，財務上の課題提起ができる。

　筆者はこれ以外にも，会社の過年度業績推移分析を利用し，財務構造上の問題を提起している。この分析方法も有効であり，３つの指標やその過年度推移をみると会社の財務上や経営上の課題は必ず発見できる。さらに会社にとって，どの位の収益性や安全性が望ましいかという視点でも改善提案ができる。収益性でいえば，総資産経常利益率で５％程度は必要であるし，自己資本比率は50％以上が財務安全性のクリアすべき水準である。

　以下，筆者がよく経営数値を根拠に問題提起する項目を掲げておく。

―危機感を盛り上げるための経営数値に基づく課題提起―

■中堅中小企業の多くは収益性，成長性，安定性が低水準であり，経営体質的に成行き経営に陥っている。

■経営分析指標で収益性，成長性，安定性が低水準の場合，収益性→安定性→成長性の順序で比率の改善を行うのが，オーソドックスな手法である。

■業界の中でシェアが下位に位置し，低収益の企業はまちがいなく業界の末端にいる限界企業であり，業界の成熟期や衰退期には整理，統合されるリスクの高い企業である。

■ROI水準が低い企業は競争力が低い表れであり，自社の競争力を見直すべきであるが，その競争力強化には基盤となる財務力，収益力が必要である。

■人件費が粗利益の60％を超える商社等は社員の生産性が低いことの表れであり，粗利益の増強と人材育成が急務になっていることを表している。

■損益分岐点が90％以上の高い企業は不況抵抗力がなく，環境変化に弱い企業であり，粗利益の向上，人件費などの固定費の効果的な使い方が課題になっている企業である。

■損益分岐点が高く固定費の負担が大きい会社で，自己資本比率の低い会社は，戦略的費用の負担能力がなく，環境変化に弱い戦略自由度のない会社である。

■財務体質が弱く借入金が過多の会社は，資金（運転・設備）の節約か収益力のアップで返済財源を確保するため，財務体質の改善のハードルは高い。

■多くの業界は多数乱戦業界であり，この業界の戦い方を知らないと他社マネの対処療法やあるべき姿が明確でない総花的な経営になりやすいので，注意が必要である。それに陥らないためには，多数乱戦下の業界でのあるべき戦略を学び，戦略を見直す必要がある（Column 10参照）。

■差別化された商品・技術・サービスをもつ差別化成功企業は，経常利益率が10％は当然であり，20％以上を目指す必要がある。

実践編

Column 5

チャレンジシート／
ランクアップノートの活用

　中堅中小企業では，計画的な人材育成までなかなか手が回らないのが実情だ。
　いうまでもなく人材育成は，企業の成長を支える主要施策であるが，育成計画にあたっては企画力，計画力，指導力，管理力，継続力等が求められ，システム的に行うのは容易ではない。
　ある中堅企業で，経営計画上の目標売上にまで障害があり，なかなか達成できなかったことがある。その原因を振り返ってみると，部長級の人材育成ができていなかったという経験がある。
　このように人材育成は表面的な取組みだけでは進まず，売上などの中長期的な業績目標に対する根本的な障害要因にもなりやすい。
　そこでユニークな人材育成方法で急成長を遂げているN社の人材育成の仕組みを紹介するので，ぜひ，人材育成の企画設計に役立ててほしい。
　まず，N社の人材育成に対する考え方，仕組みを右ページにまとめてみた。
　N社にはランクアップノートという行動計画書がある。目標管理する項目は，習慣づくり指針と称する社員に正しい行動習慣を身につけさせるための行動指針を部門別，階層別に作成している。
　この行動習慣は仕事で能力を伸ばし，組織の一員として協調行動をしながら，成果を上げるために求められる項目を取り上げている。
　なお，この行動習慣の指針として挙げられている項目は，大部分が仕事への情熱，知識の向上，組織の規律や連帯感発揮（第Ⅲ章で説明したPWCの項目）を行動で表した具体的な行動項目である。
　行動習慣のほかに業績目標を持たせるため，チャレンジシートなる目標管理

人は，使い方次第で，人材，人財，人在，人罪，人済になる
人は，それぞれの長所をもち，持ち味があり，そういう人たちに，上手に出番を与えるのが，経営トップの手腕である。

うまくいかない原因は，自分にあると考えさせる
人は，人間関係で成長するもので業績の良い会社は，人間関係がうまくいっている。あれが悪い，これが悪いと言う前に，うまくいかない原因は，自分にあると考えさせることが育成の基本となる。

セルフマネジメント（自己管理）が重要であることを教える
よく動く人は，自分の意思で動いている。そうでない人は，仕方なく動いていて自己管理がその差をもたらす。

セルフマネジメントとは，自分で計画を立て，チェックし，改善し，その目標達成に責任をもたせること
大切なのは「自ら」ということで，自分がやったことが返ってくるという因果の法則を教えることが大切である。

セルフマネジメントは，プラス発想の人を育てる
物事を肯定的にすべてに前向きに取り組むのがプラス発想であり，新しいことに無理です，できませんという言葉や，会社や上司が聞いてくれない，してくれないと決め何もしないのは，マイナス発想である。

ランクアップノートをつけさせる
ランクアップノートをつけさせて，セルフマネジメントをマスターさせる。
仕事の段取りを自分で考え，計画的な仕事の進め方をマスターさせる。
目標は本人に決めさせて週間，月間で上司と本人がチェックする。
結果から原因を考えさせて，本人の能力を引き上げながら，仕事のレベルアップを教える。

チャレンジシートを活用して業績目標の達成能力を高める
自分の仕事に強い責任感をもたせることで，仕事の成否が決まってくるため，予算や計画の目標は自ら設定させて，達成のための種々の方法を自ら考案し，行動計画を立ててチャレンジシートにする。その人の能力，知識，知恵と意欲を向上させるとともに，実行させてレベルアップを図る。

実践編

シートがあった。これを活用して職場での個人別の業績目標，能力向上目標（管理職，社員の階層別に能力基準がある）を自己申告させ，それを上司が毎週，毎月フォローし指導している。

この3つ（行動指針，業績目標，能力向上目標）の目標管理を自己申告と自己管理により行い，それをきめ細かく上司が指導して達成へのバックアップを行っているのが特徴である。

この事例でわかることは，人材は一朝一夕では育たず，手間暇かけた目標管理システムづくりと，そのフォローもまた手間暇かけて行っていることである。

導入にあたって，コンサルタントからは手間暇がかかるため，なかなか継続できる会社は少ないですと言われたそうであるが，それを見事克服して人材育成システムをつくり上げたのである。

なお，上記のとおり目標管理を機能させるランクアップノートやチャレンジシートが重要な役割を果たしており，毎週，毎月の作成と上司の指導とフォローがこれを継続する重要な役割を果たしていることがわかる。

N社の仕組みを図で表すと，次のような目標管理の流れとなる。

コンサルティングの現場から〜
【その１　会社との出会いと提言】

　Ａ社は，地方で多店舗の飲食業を営む売上20億円弱の中堅企業である。社長は
２代目，弟の専務は東京の店舗と食品事業部を担当，地方では名の知れた企業だ。

　２世経営者がもつ独流のセンスの良い店づくりから繁盛する店舗もあったが，会
社全体では赤字店舗との相殺で業績（経常利益）は低迷していた。

　経営陣はバブル期の景気の良さは感じ取っていたが，それと同時に地方における
業態拡大の限界も感じていた。この際思い切って和食を海外へ，差し当たりアメリ
カ西海岸に進出し和食レストラン事業を展開させようと構想していた。

　経営者は早速，外資系コンサルタント会社が主催するアメリカ進出セミナーに参
加し，熱心に講演を聴き入った。その講演コメントで海外進出を目指すには，まず
「国内事業の収益力が盤石であること」との解説に気づかされ，海外進出の前に国
内基盤を見直すことにした。しかし，自社で果たして何を見直せばよいのか見当も
つかず，結局海外進出セミナーを主催したコンサルタント会社を訪問し，その支援
と指導を得ることとした。

　そのコンサルタント会社のマネジャーだった筆者が，この会社の指導を担当する
ことになったのである。コンサルタントへの依頼は，Ａ社の財務基盤の安定であっ
た。

　筆者がこの依頼を受け，最初に行ったのは財務内容の調査である。過去の業績推
移，同業他社との業績格差の要因及び会社決算の会計処理の適切性の調査である。

　まずはＡ社の決算財務諸表に表れない不良資産や不良債権がないか，売上・経費
の計上処理が正しくなされているかなどを調査する。ここで正しい会計処理がなさ
れていなければ，会計処理を是正したうえで，会社の実態を把握し財務内容の改善
に着手する。

　案の定，不良資産が50百万円近く見つかったが，早計に処理を求めることはし

なかった。銀行側の会社への信用供与の姿勢に変化があることを恐れたためである。

　さらに財務内容を精査すると，A社の収益力は低水準で同業他社に比べ粗利益率，営業利益率ともに見劣りし，売上20億円に対し経常利益は10～20百万円程度を長年続けていた。自己資本比率も総資産20億円に対し内部留保は2億円弱で，明らかに借入過剰であるため金利負担も重く，経営者の認識どおり，財務体質の改善が急務であることを表していた。この借入過剰を支えていたのは，東京店舗の不動産の含み益の担保力であった。

　別の視点で，A社の組織モラール調査を行ってみると，社内では経営者らに対するリーダーシップへの信頼感がなく，その反動から管理職の問題意識は低く，業務改善への姿勢も弱い，いわゆる外部環境任せの成行き経営の状態であった。

　これらの結果から業績管理を強化し，収益力アップに向けた業務改善を行い，財務体質の変革を行うことが急務であり，改善には管理職の経営参画意識を高めることも課題であることを指摘した。

　なお，第Ⅲ章で業績向上には，情熱（P），知識，知恵の進化（W），組織の求心力（C）が重要と述べたが，A社はこの段階で業績への関心度，情熱は低く，業績管理の実務上の知識，知恵も乏しく，組織の求心力，一体感はモラール調査のとおり高い状態ではなかった。この3要素をいかに高めて業績向上を図るか，コンサルティング活動が開始した。　　　　　　　　　　　　　　　　　（第Ⅵ章末につづく）

第 VI 章

月次決算制度の整備

1．整備のポイント

いよいよこの第Ⅵ章から，業績管理の整備強化－実践編の解説に入る。

業績管理強化の第１ステップは，月次決算制度の整備である。制度導入前の準備段階で危機感が共有化され，何とかしなくてはならないという意識が経営者・幹部に出てきたところで，月次業績管理の改善から着手する。

このステップの目的は，経営者・幹部が月次決算制度の意味を理解し，業績向上に対する問題点，課題を共有化することである。

月次業績に対する幹部・管理職の関心を高めるため，本章では**月次業績の測定，分析，報告ルールづくり**を行うが，まずそれを理解するための財務の基本的項目を解説する。前章における会計及び利益の重要性を基礎に実践編として，**財務３表の構造**や決算勘定科目の理解，また**基本的な財務分析指標**を解説する。こうした問題意識を養うための財務諸表の見方，考え方を教え，これらを理解したうえで**月次業績の見方，考え方を統一化**すること，**業績オープン化**に対する経営者の抵抗をなくし，**月次決算の迅速化**を目指すことなど，月次業績管理強化のために必要な対策を主に解説している。

これらの制度が整備された後は，**業績検討会議を毎月開催**し，業績上の課題を話し合い解決の糸口を見つけることを目標とする。

会議を継続していると毎回同じテーマがあがり，その問題が業績改善のネックになっているのであれば，その改善から着手することも必要である。

たとえば社員の規律ができていないというのであれば，社員の仕事習慣の規律ルールをつくるなどである。

経営者・幹部の意識変化のために必要なのは，業績検討会議を定着させ，**月次業績への問題意識と利益意識を向上させる**ことであるため，そのヒントを紹介する。

２．財務３表と財務分析指標

⑴　財務３表の基本構造を理解させる

　貸借対照表，損益計算書，キャッシュ・フロー計算書の財務諸表３表は，会社の業績上の問題点を分析するのに欠かせない決算書である。

　決算書の問題点を理解するには，これら３表の見方，考え方を教育し，３表から見えてくる経営上の基本的問題を読み取れる力を養成する必要がある。

　次項でも解説するが，これら３表で把握すべき問題点は，主に会社の収益性の良し悪しや財務上，資金の効率性，安定性である。

　これまでの経験上，中堅中小企業でよく指摘される決算書上の重要ポイントは，次のとおりである。

　　　　　　　　　　—決算書上の重要ポイント—

■会社の売上総利益率は，会社の取扱商品の競争力を表すものであり，この比率が低いと会社の商品に問題があることを示す。

■販売費及び一般管理費の中で，人件費が粗利益に占める割合＝人件費率（労働分配率）は，優良企業は40％以下，収益性や生産性の低い会社は55～60％近く，60％を超えると大部分の会社は赤字決算に陥ることとなる。

■損益分岐点が90％を超える会社は，景気変動に弱く，経営の柔軟性や余裕度がなく，不況抵抗力がない。

■自己資本比率は20％前後が一般的な会社の財務体質で，それ以下は財務体質が弱く，過去の経営努力の結果である利益の内部留保の努力が足りないことを示す。

　上記のとおり，自社や同業他社の決算書上の問題点を財務諸表３表から読み取り，その内容を経営施策とからめて理解させることにより，管理職の決算書上の問題意識は高まってくる。

⑵　勘定科目を理解させる

　損益計算書は，大きな勘定科目の体系から成り立っており，大別して，費用では，仕入コスト（製造原価），人件費，経費，金利，その他に分かれている。それら大分類の費用合計が，売上高に対してどれくらい占めているかを理解させることがまず重要である。

　次に，大分類の費用の中には何が含まれているかを理解させることになるが，その際，管理職たちが日頃誤解していた点を明らかにし，偏見なく理解させる必要がある。

　管理職からたびたび聞かれる質問は，「当社は管理コストがかかりすぎているのでは？」「役員報酬が多いのでは？」「経費にムダが多いのでは？」が多くあげられるが，これらはいずれも自分たちの知らないところで支払われている費用であり，この種の費用に管理職たちは疑問を持っていることが多い。

　こうした疑問には的確に回答し，隠したりうやむやにしないことが必要である。たとえば，「世間相場ではこのくらいですよ」とか「会社の特殊要因を考えるとこのくらいは妥当ですよ」と回答し，明らかに過大なケースではその旨を正直に伝えることが望ましい。

　ただし，役員報酬，特にオーナー役員の報酬については，背負っている経営上のリスクに対するリターンの意味があるため，過大な報酬の定義づけはかなり難しい。各社の実情を勘案した対応が必要である。

　このほか，勘定科目をより深く理解させるため，詳細な科目別の内訳を提示し，ある支払項目はどの科目に計上されているかを説明する必要がある。これは，日頃，管理職たちが意識することなく使っている経費が積み

重なると相当の金額に達し，会社によっては人件費の1.5倍から２倍近く
を占め，こうした支払が，売上にとって本当に必要なコストなのかを意識
させるうえで重要であり，欠かせないプロセスだからである。

　一般に，厳しい売上環境下で収益改善を提案すると，経費カットが最初
にテーマにのぼるだろう。こうしたケースは，収益改善指導と経営上の必
要なコストと利益という意識を徹底させるだけで，売上高の数％の収益改
善効果が出ることがある。こうした事例は，日頃無意識に経費を発生させ
ていることの証左であり，管理職に経費科目の教育を行い，日常的な意識
づけを行うことが非常に効果的である。

(3)　財務分析を教える

①　財務分析手法の見方，考え方を教える

　財務教育の総仕上げとして，この段階では，基本的な財務分析指標を理
解させ，決算書の数値から容易に分析する手法を理解させて，より重要な
業績上の問題点を意識づけることを目標とする。

　財務分析の解説本では，収益性分析，安全性分析，効率性分析，損益分
岐点分析など，数多くの分析指標を網羅し説明している。また，会計事務
所によっては，これらの指標を網羅した一覧表を会社に提出し，分析指標
を解説しているところもある。しかし，これら多くの分析指標を多用した
ところで，経営者の頭はいろいろ数値が出てきて混乱するばかりである。
多くの指標を網羅しすぎることはあまり有効とは思えない。

　本書で提示するのは，最低限，次に示す基本的な分析指標だけで十分問
題点を把握できるので，その他の指標はそれを補完する程度に利用すれば
十分と考える。ややもすると分析指標におぼれ，問題点がぼけることがあ
るため，管理職に伝えるうえでは十分な注意が必要である。

　一方，分析手法の実務上，特に有効な分析は，前章でもふれたが，同業
他社分析と趨勢分析である。前者はライバル会社との比較分析であり，日

実
践
編

常よく接するライバル会社との財務諸表や分析指標を比較するため，結果
は現実的であり，問題のとらえ方が積極的になるメリットがある。また，
後者は自社の損益状況や財政状態の変化を過去5〜10年の推移でみるもの
であり，悪化傾向や改善傾向のトレンドがわかり，管理職の危機意識をつ
くりやすいメリットがある。

　ライバル会社の決算書は手に入りにくいのでは，との疑問もあるだろう
が，信用調査機関を通して入手すればある程度入手は可能であり，入手で
きなければ，中小企業庁から公表されている中小企業の経営指標で代替す

―代表的な分析指標の例―

【総合指標】
　　総資本利益率＝経常利益÷総資本（総資産）×100

【収益性】
　　売上高営業利益率＝営業利益÷売上高×100
　　売上高経常利益率＝経常利益÷売上高×100

【効率性】
　　労働分配率＝人件費÷付加価値×100
　　　　　　　（卸売業の場合，付加価値≒売上総利益）
　　総資本回転率＝売上高÷総資本（総資産）
　　売上債権回転率＝売上高÷売上債権
　　在庫回転率＝売上高÷在庫

【安定性】
　　損益分岐点比率＝損益分岐点売上高÷売上高×100
　　固定長期適合率＝固定資産÷（固定負債＋自己資本）×100

【キャッシュ・フロー】
　　営業キャッシュ・フロー，財務キャッシュ・フロー，経常収支比率等

ることも有効である。

　特に中小企業の経営指標は赤字企業と黒字企業の平均指標や業種別分類があり，同業の中小企業の平均像との比較が容易であり，これを活用するとさらに業績向上の理解や意識が高まる効果がある。

②　財務分析は結果であり，原因はわからない

　前項では，財務分析は重要な指標に限定して分析し，分析ポイントがぼけるのを避けるべきであることを指摘した。

　もう１つ重要なポイントは，分析指標はあくまで結果であり，本当の原因はわからないということを理解したうえで利用することが重要である。

　健康診断で血液に異常値が出ても，本当の原因はさらに精密検査をしないとわからないのと同じである。したがって財務分析は問題点の所在の把握にとどめ，詳細な原因分析は，管理職を集めた業績検討会議や次のステップである原価検討や部門別業績の段階で行うべきである。

　なお，財務分析というと，業績の良い企業は分析しても何も指摘すべき事項はないのではと誤解している人が多いが，業績の良い企業の多くは収益性と安定性は良好であるが，成長性に問題が生じているケースが多い。また，急成長企業では成長性，収益性が高いが，安定性に問題が生じやすい。

　これは，人間の精神意識からみても当然のことで，豊かな人は自然と安定志向になり，チャレンジ意識が弱まるため成長志向は衰えるのである。このように財務指標３つのバランスを良く整えるのは至難の業なのである。「経営はバランスの妙の追求」とある経営学者は言っているが，この財務分析指標を整えることの難しさは，それを教えてくれる。

実践編

3．月次決算のルールをつくる

　月次決算整備の最初に取り組むのが，月次決算のルールづくりである。正しい決算処理ルールに基づかない決算書を見ていても，会社の収益力の実力は見えないし，業績上の課題も見えてこない。

　一般に中堅中小企業では，税務中心の決算が主流であり，決算処理は期末にだけ行い，毎月の経費を発生主義でとらえることや，企業会計基準に基づいて引当金や減価償却費などを毎月見積り計上するような会計慣行はまだ根づいていない。

　したがって，これらの決算ルールを見直すだけでも毎月計上する費用が本来の水準にまで増加し，会社の収益力の実態が，かなり厳しいものであ

　　　　　　　―月次決算ルール設定上の注意点―

■売上計上基準の明確化

　出荷基準であれば出荷報告書，引渡基準であれば物品受領書といったように売上計上のタイミングを明確にする。

■売上原価の算定プロセスのルールづくり

　仕入の計上基準（入庫基準や検収基準）及び在庫評価基準（総平均法や移動平均法）を明確にするとともに，仕入付随費用等売上原価の構成要素を明確にする。

■人件費，経費の発生主義計上

　各主要費目の支払方法を明確にし，毎月発生月に前払・未払計上を行う。

■引当金，減価償却費の見積り計上

　賞与引当金や減価償却費等，決算時にのみ計上していた費用を見直し，主要費目については必ず毎月見積り計上を行う。

ることの認識を経営幹部や各部門の管理職に植えつけることができる。

　次に示すように，月次決算ルールづくりのポイントとして挙げられることは次の点である。

　詳しい説明は会計学の教科書に譲るが，正しい会計基準に基づく正しい決算書をつくるためには，どのような会計処理が必要かを考え，それを月次決算に取り込む必要がある。甘い基準で作成した月次決算資料を見て業績検討を進めても，管理職の危機意識や利益向上意識は出てこないのである。

4．月次業績報告，分析フォームをつくる

(1)　報告フォーム

　月次業績報告というと，会計の試算表をそのまま報告する場合もあるが，それでは何が重要な点なのか不明確になりやすいため，図表Ⅵ－1のような要約表を作成し，報告と認識を行うのがベターと考える。その業績報告のポイントは次のような点である。

①　要約開示
　会社の業績構造上の問題点が明確になるように，管理表は要約してつくる。試算表とは違い，すべての科目や細目を表示する必要はなく，重要科目，特に問題となる科目に注目した表を作り，科目も要約した表示にする。

②　シンプル・わかりやすさに重点を置く
　業績管理表の特徴点は，シンプルさ，わかりやすさに重点を絞ることであり，複雑な表はできるだけ避ける。その意味では，詳細な明細表，分析表は，付表の位置づけで作成する。

実践編

③ 分析指標を管理表に

改善したい重要指標に限定して分析指標を管理表に入れる。たとえば，一般的には，損益分岐点指標，資金繰り指標，労働分配率指標及び自社で問題となっている収益性指標が中心となる。

図表Ⅵ－1 業績管理表

主要業績項目	内訳	当月		前月		累計値		差額	差額
		金額	比率	金額	比率	金額	比率	対前月比	対累計値
売上高	A事業								
	B事業								
	C事業								
	小計								
売上原価	A事業								
	B事業								
	C事業								
	小計								
付加価値（売上総利益）									
販売費	人件費								
	経費								
	小計								
管理費	人件費								
	経費								
	小計								
営業利益									
営業外損益	金利								
	その他								
	小計								
経常利益									

主要分析指標		実績		目標値
		当月	累計	
収益性	総資産経常利益 $=\dfrac{経常利益}{総資産}$			
	売上高営業利益率			
	売上高経常利益率			
効率性	労働分配率 $=\dfrac{人件費}{付加価値}$			
	総資産回転率 $=\dfrac{売上高}{総資産}$			
	売上債権回転率			
	在庫回転率			
安定性	損益分岐点比率			
	自己資本比率			
キャッシュ・フロー（資金の安全性）	経常収支比率			
	営業キャッシュ・フロー			
	財務キャッシュ・フロー			

(2)　分析指標の整備

　業績管理表の分析指標には一般的な項目をあげているが，これに追加してほしいのが，損益分岐点到達日数と移動平均法による売上分析指標である。

①　損益分岐点の営業日数を知る

　会社の費用は，固定費のかたまりである。人件費は当然のこと，経費の大部分も固定費である。

　会社の売上高からマイナスされる総費用の大部分が固定費から構成されるという認識が管理職，経営者には必要である。

　ある経営者の話であるが，「会社は毎月１日から営業日が始まった場合，当該最初の日に，月の固定費の全額が発生する。したがって，月初に月額固定費だけ赤字がまず発生し，それを月初の１日以降の営業の売上高や粗利益という黒字で回収しているのである」と述べている。会社の固定費の重みと日々の売上高や粗利益が，どれだけ大切かがわかる言葉である。

　損益分岐点分析は，これを知る重要な道具である。これには総費用を分解し，固定費と変動費に区分する必要があるが，筆者は大部分を固定費として区分集計し，年次決算を見ている。

　ここで算出された年間の固定費を月額に換算し，日々の売上高や粗利益の１日ごとの累計値が月額固定費を回収する営業日数を業績指標に加えるのである。

　日本の会社の損益分岐点は，平均的に90％前後であるため，会社の営業日数が20日前後とすると，18日前後が損益分岐点の達成日である。

　第Ⅷ章で解説する部門別業績検討の指標にも，部門別の損益分岐点の営業日数を加えることが重要である。

　この営業日数を知ることで，日々の売上高や粗利益の積重ねがいかに大

実践編

切か，１日１日の売上アップの積重ねの行動がいかに重要かを管理職たち
は知ることができる。

　この集計には営業部門からの受注や売上報告が日々必要であり，業種に
よってはむずかしいかもしれないが，大部分の業種で日次の売上高や粗利
の集計は，可能である。

　この分析指標を月次決算に入れることで，営業は売上のタイムリーなイ
ンプットや集計の重要さを知り，日次決算の重要性やスピードアップの必
要性がわかるのである。

② 　移動平均年次売上高でトレンドを見る

　もう１つ業績管理表の分析指標に追加してほしい項目に，移動平均によ
る売上分析指標がある。

　通常，月次業績推移表には，前年同月対比や前月対比，予算対比の売上
高等が掲げられており，これらの対比で毎月の売上検討がなされる。しか
し，景気環境や売上の季節性，会社の好不調の波もあり，なかなか単月で
の単純な比較はできない。

　このため，単月の代わりに期首から当月までの累計売上で業績を分析し
ようとするが，年次決算をはさむとまた１か月目の業績から始まるため，
売上推移が右上がりなのか右下がりなのか，短期的かつ，継続的な比較分
析はやはり困難である。

　そこで利用したいのが６か月や12か月の移動平均による売上高の把握と
検討である。計算は簡単であり，毎月，直近過去６か月または12か月の売
上高を集計し，それらを時系列に並べるだけでよい。

　この数値があると常に当月より６か月前や１年前の６か月間または12か
月間の売上高累計がわかり，その累計単位ベースでの売上高の増減の推移
がわかるため，売上が右上がりなのか右下がりなのかをチェックでき，単
月の検討ではわからない短期的な売上トレンドの評価ができる。

　このトレンドが右下がりで常に推移していれば，抜本的な原因追究や売上対策が必要なことを表しており，逆に右下がりから右上がりへのトレンドの転換点が，どの月かも正確に見極めることができる。また，この移動平均を顧客グループや商品グループ別の売上や受注高を対象に算出すれば，さらに深い分析ができ，これらの短期的なトレンドチェックによるタイムリーな検討と対策立案が可能となる。

　月次業績検討表にこの数値を入れることにより，毎月6か月または12か月単位の直近売上実績を見ることができ，年次決算とは別の売上のトレンド比較が簡単に行えるようになる。

　また，この分析指標は短期の景気変動要因に対して，自社の景気の転換点がどの月かを見極め，早期に対策を練ることができる有用な指標の1つでもあり，この指標を活用してほしい。

5．月次業績のオープン化

　月次決算管理制度を進めるにあたり，管理職へ月次や年次決算をオープンにすることに対し，経営者が抵抗を示すことが往々にしてある。その理由は，業績の良い会社では，開示することで給与引上げの要求が強くなるのではないか，一方，業績の悪い会社では，社員が会社に対して不安感を持つのではないかという点である。

　これまでの経験では，業績をオープンにした会社はいくつもあるが，決算の数値の見方，考え方を十分に指導し理解を得れば，このしたマイナス事象は危惧するに及ばないと考えている。それに対するプラス効果が相殺して余りあるからである。プラス効果として大きいのは，社員の収益改善意欲であり，管理職が利益意識をもって業務に取り組む姿勢へと変化し，数値に強い人材育成がされることである。これらの効果はオープン化による社員のマイナス行動を補って余りあるものとなるのが通常である。

実践編

業績管理強化において，この点がネックとなっている会社は，オープン化することによるメリットとデメリットの比較衡量を行い，業績開示への誤解を解くよう説得が必要となる。

６．月次決算の迅速化を目指す

　月次決算は，翌月10日までには終了し，経営者，管理職に提示できるようにする。なぜそのスピードが必要かといえば，決算は過去の経営活動の結果であり，早く結果を把握して次の経営上の施策や行動に活かさなければ意味がないからである。月次決算でも，タイムイズマネーなのである。

　現在において，翌月中旬または下旬に月次決算を出している会社は早急にスピードアップする必要がある。筆者の経験では，業績の良い会社ほど月次決算の業績意識が高いため，スピードが早い傾向にある。

　月次決算のスピードアップには，次のような手順を踏む必要がある。

―月次決算迅速化の手順―

① 売上集計業務がタイムリーに終了するか
　営業部門や物流部門からの証憑の遅れやシステムオペレーション上の問題により，売上の確定に何日もかかると月次決算の遅れの原因となる。
② 仕入先，外注先等の商品代金の請求書が支払条件どおり到来しているか
③ 経費の請求書が支払条件どおり到来しているか
　月末締めで請求書の支払を行っている会社では，翌月５日以内に到着しないと月次決算業務に支障となることが多い。
④ 在庫金額の確定がタイムリーに終了するか
　在庫管理が手書き，または数量管理のみである場合，在庫金額の計算・集計・確定が遅れ，月次決算の遅れの原因となる。

　これらを具体的に解決するには，販売や仕入から月次決算に至る一連の業務を分解して，どの事務処理のプロセスが遅延の原因となっているかを調べる必要がある。さらに，そのネックのプロセスで事務処理のスピードアップの方策を検討し，改善案を立案，実行することが必要だ。

　「請求書の到着が遅い」「期限どおりに到着しない」といった外部に基因する問題は，担当部署から先方に改善を依頼するだけではなく，経営者や幹部も交渉の場に参加し，解決を図っていく必要がある。また，場合によってはスピードを早めるために見積りによる計上方法も検討する必要がある。

　このほかよく理由としてあげられるのが，月末から翌月初めにおける経理業務の集中問題である。中堅中小企業の場合，経理部門が総務や財務を兼務していることが多く，月初めに経費の支払いや給与計算が行われると，当然そちらを優先させるため，月次決算が遅れてしまうのである。しかし，集中化業務のなかには，月中でも事前に進められる業務があるので，月中への分散化対策を講じる必要がある。場合によっては給与計算日の変更や経費支払日の変更等によって，分散化を図ることもある。

　一度定着した手続きは変えることへの抵抗感から，なかなか進みにくいという経理部の実態がある。経理部門は法令に基づく事務処理が多く，どうしても考え方が保守的になりがちだからである。

　月次業績の迅速化は業務改善の最初のテーマで，どの会社でも必ずぶつかる課題であるが，ここにあげるヒントを参考に課題解決に取り組んでいただきたい。

実
践
編

―月次決算の遅れの原因―

■仕組み（System）
　・業務処理の標準化，平準化の遅れ
　・月次決算の利用度や理解度の低さ
　・業務処理の情報処理化，システム化の遅れ
　・業務改善への不慣れや遅れ
　・月次決算の業務処理方針が不明確

■組織（Structure）
　・部門間の業務処理の連係プレー不足
　・月次決算をめぐる部門間の業務分掌が不明確
　・部課長のリーダーシップが不足

■教　育（Study）
　・組織での事務処理ルールの不徹底
　・営業や仕入先への請求書，証憑提出期限の不徹底
　・月次決算の重要性の意識不足
　・経理マンのスキル教育の不足

―月次決算の迅速化の対策―

■経理業務フローの作成と業務処理に日数を要すネックプロセスの明確化とその解消策の実施
■支払請求書の到着締め日の厳格遵守化
■請求書の集計方法の省力化
■経理処理の月末集中の分散化
■業務処理の組織内での分散処理化
■見積りでの費用計上の容認化
■経理処理に必要な業務処理迅速化のための組織の協調，信頼関係づくり

7．業績検討会議を制度化する

(1)　議事進行の要領と留意点

　月次決算制度の確立の最終目標は，業績検討会議を開催し，管理職と月次業績の良し悪しの分析と検討を行い，収益改善意識を高めることである。この会議の進め方は次のような手順で行うことになる。

　　　　　　　　　　　—業績検討会議の進め方—
① 　当月の業績の報告（経理部門）
　　 売上，粗利益，販管費，営業利益，経常利益などの主要業績ファクターの当月実績，目標値または過年度実績値との比較を行い報告する。
② 　当月の業績の分析と問題点の指摘（経理部門）
　　 上記の主要項目の増減理由について，解決すべき短期と長期の問題点を洗い出し発表する。
③ 　当月の業績の分析結果に対する追加指摘事項をコメント（社長，幹部）
　　 ②の指摘事項に対する改善指針などを説明する。
④ 　業績変動要因と対策の説明（営業部門等）
　　 営業部門等より業績増減に関する原因の説明，実施した対策，実施予定の対策をより詳しく具体的に説明する。
⑤ 　上記の対策についての回答
　　 会議出席者から原因や対策実施の不明点や疑問点を提起してもらい，業績上の問題点の理解や協力を深めてもらう。
⑥ 　社長，幹部からのコメントと指示
　　 社長や幹部からの業績向上への取組み，姿勢への説明や対策の不足点や補足点の指示を説明してもらう。

実践編

⑦　翌月実施事項の確認

　　議長が翌月に実施すべき事項として会議で決定された事項を確認し，議事録に残す。

　会議の流れは，一般に上記のようなスタイルである。議長は社長または幹部とし，会議の最初に会議の進め方などの注意事項，留意事項を説明するのがよい。

　業績検討会議でありがちなパターンは，経営者が自分の考え方を一方的に説明し，会議が経営者の方針説明や日頃の指示，命令の独演会になってしまうことがある。会議の目的は管理職の業績に対する問題意識，経営参画意識を高めることである。

　したがって，こうしたオーナー主導型の会議が望ましくないことはいうまでもない。

　業績検討会議では，管理職にできるだけ発言させ彼らの見方，考え方を引き出し，誤解があれば是正し，同じ方向を向いて議論し考えることが大

　　　　　─月次損益管理制度における業績上の指摘事項─

■月次損益の変動が大きく黒字月と赤字月が相殺され年間の利益水準が低くなっている。

■外注費など，外部委託業務が多く，利益が十分に残らない。

■利益の内部留保が十分でなく，利益水準が低いため，自転車操業になっている。

■長期的にみて，過去売上高の伸びが見られず，固定費のみ増加傾向にあり利益を圧迫している。

■人件費が上昇基調にあり，労働生産性が年々悪化している。

■損益分岐点が高く不況抵抗力が弱いため，景気が悪化すると赤字になりやすい。

切である。いわゆる業績改善に向けた，組織のベクトル合わせである。そのためにも会議の進行役は，社長以外の幹部とし，幹部にもこの点をよく理解してもらう必要がある。

　この段階の会議では，会社の全体業績，財務体質に関する問題意識を高め，共有化することを中心に展開していくべきである。

　前ページにこの段階での業績上のよくある問題点を列挙しておく。

(2)　継続的・定例的に実施する

　月次決算の迅速化，オープン化，問題点の共有化が進み，管理職たちの業績改善意識が高まってきた段階で，前項の要領で月次業績検討会議を定着化することになる。

　重要なことはこの会議を継続的・定例的に実施し，制度化することである。会議の目的は，毎月の月次決算の結果把握と業績の変動要因についての意見交換である。

　業績管理制度が整っていないため，この時点では部門別損益や製商品別粗利等の管理資料が十分整わず，問題点の分析力は十分ではないが，決算上の問題点を共有化し，意識を保持していくためには継続的に会議を実施することが必要である。せっかく迅速化した月次決算の品質を維持するためにも，会議の質はあまり問わずに会議を制度化し，課題を共有化することが重要である。

　業績検討会議の進め方は効果的・効率的に行うため，次ページに示したポイントを意識して進行すると，成果が出やすい。

　これらのポイントは，後のステップにおける原価管理検討会議や部門業績検討会議とも共通する事項が多いので，これらの会議でも留意して進めてもらいたい。

実践編

```
─会議の進め方のポイント─
■事前に会議資料の手配と検討事項を明らかにする。
■検討事項を予め調べて，原因追究の質問に答えられるようにする。
■会議ルールを定め，会議の効果，効率をあげる工夫をする。
■同じテーマや改善案の繰り返しは，当該テーマの深掘りができるように
　工夫する。
■原因究明と対策立案が，表面的な指示に終わらないようにする。
■１人の発言時間を抑え，特定の人の独演会にならないようにする。
■議題によっては会議が紛糾し，精神論に陥るケースがあるため，結論が
　具体的施策になるような提議を心掛ける。
■前回の会議の結果，要求した事項は，次回必ずフォローして対策の実現
　可能性を高める。
■簡単な会議メモを必ず作成して，次回までの検討事項や改善指示を明記
　しておく。
```

８．業績検討会議での問題提起の手法

　月次業績検討会議の中で，問題提起や問題整理のための手法として取り入れていただきたいものとして，すでに第Ⅱ章で説明した３Ｓの視点からの問題点の原因追究手法がある。

　この手法は，業績に関する問題点の原因追究や対策立案にも使用でき，会議で業績上の問題点が提起された際に，その原因となる業務活動が適切に行われていたかの検討を行うのに役立つことになる。

　たとえば建設業で，業績上の問題点として赤字工事が多いことが挙げられた場合，次のような業務上の施策が行われているか質問し，その業務活動に不備があればその改善を求めるものである。

　　　　　　　　―問題提起の手法（建設業の例）―
【仕組み（S）】
■赤字工事を発生させないための実行予算とフォローなどのPDCAサイクルがあるか
■毎月の赤字工事の発生高の業績報告があるか
■赤字工事の原因となっている事項について，防止するための営業や工事の業務ルールが標準化されているか
■赤字工事の原因となる項目の社内統計情報やデータの収集，蓄積があるか
【組織（S）】
■工事作業の標準化，効率化業務を継続的に行う部署があるか
■赤字工事の原因追究と対策立案のための会議があるか
【教育（S）】
■赤字工事を発生させないための工事や営業のスキル育成が行われているか
■人材の能力の見える化が行われ，その能力不足点の解消のための教育が計画的に行われているか
■見積や実際原価の事前や事後での上司のコスト監視や指導があるか

　このように3Sの視点（仕組み，組織，教育）から業績上の問題点発生の原因追究パターンを標準化することで，業績検討会議の議論を効果的，効率化することができるため，この3Sの視点からの検討手法を業績検討会議で採用し，業務改善の指針を作成する際のツールとして利用していただきたい。

　また，最初のうちは業績検討会議で意見交換が活発に行われず，報告会に終始しやすくなるため，この導入は難しいかもしれないが，業績検討会議が軌道に乗るにつれて，このようなシステム的な問題の原因追究のアプ

ローチをとっていただきたい。

9．月次業績への問題意識を高め，利益意識を向上する

　すでに述べたが，このステップの目的は業績検討会議を制度化し，会議での意見交換や経営方針にかかる疑問点の解消を行い，会社全体の利益向上のための意識づくり，土壌づくりを行うことにある。

　今まで自由にモノがいえなかった会社では，自分の意見を主張する管理職から，これまでの施策に対する疑問点や問題意識が噴き出すこともあるが，経営者や経営幹部は自分の意見を押しつけず，聞く姿勢を持つ必要がある。ドラッカーの言葉を借りれば「過去のリーダーの仕事は命じることだが，未来のリーダーは聞くことが重要になる」である。また文句をいう管理職は，責任感も強く今後のプロジェクトの進行の強い味方にもなるため，彼らの問題意識に真摯に対応する姿勢がその後のプロジェクトの成功につながるのである。

　特に留意すべき点は，業績検討会議で経営者から「うちの管理職や社員は，やる気がないから問題だ」という趣旨の発言だ。そもそも経営者に責任のない経営事象など生じるはずがない。すべては経営者の責任であり，本来自責の言葉を発すべきで，こういった発言は，周囲が経営者に注意を促す必要がある。

　業績が低迷している会社では，前章でも述べたが管理職を中心に「他責思考」の社員が多い傾向にある。キャッチボールにたとえれば，誰かが投げたボールを自分の責任ではないと誰もキャッチしないようなもので，組織での言葉のキャッチボールができていないことだ。

　言葉のキャッチボール＝コミュニケーションができなければ，業績検討会議など何の意味もなく，改善する意欲など生まれて来ようはずがない。他責思考は問題意識が共有化されていない表れであり，業績の良い企業に

他責思考は少ない点などを指摘して共通意識づくりに傾注する必要がある。

10.　業績検討会議のあるべき姿とのギャップ

　業績検討会議の進め方について説明したが，最初のうちは会議のルールどおりには進めにくい状況に陥ることがある。

　これはこうした会議が未経験でペースがつかみにくいこともあるが，図表Ⅵ－2に示すように，社長や幹部のコミュニケーション不足，あるべき姿の知識不足が原因となっていることが多い。

　　　　　　　　　　　　　　図表Ⅵ－2　業績検討会議の問題点

会議で問題点が出てこない

　　管理者のモラールが低いことが原因と思われるため，経営陣と管理者の充分な対話と経営への協力を求める必要がある。また経営者が社員にわかりやすいビジョンをつくり共有化する

原因と対策が出にくい

　　現場業務のあるべき姿の知識不足で業務知識のレベルアップが必要

原因と対策の指摘レベルが低く収益改善に結びつかない

　　管理職の収益改善知識や問題解決技能の教育が必要

業績（利益）を上げることに積極性が見られない

　　利益の重要性を再認識させる
　　MaPSの導入成果を説明する
　　社員への成果配分の経営施策の導入を検討する

実践編

　あるべき姿の知識は，本書の第Ⅴ章から第Ⅹ章までで説明しており，それらの知識教育とともに進め，会議のレベルアップを行うことになる。

　最初のうちはあるべき姿とはかけ離れていても焦らず，会議の制度化に取り組んでいただきたい。

業績管理＆成功事例

Column 6

月次実績管理体制
各制度の成功事例から学ぶ

MaPSの法則の導入がいかに会社に成果をもたらすかについて，ステップ別に成功事例を挙げ，その効果をみてみよう。

(1)　A社：「月次決算制度の整備」による成功事例

MaPSステップⅠ-1にあたる月次決算制度は，もっとも基本的に整備すべき分野であり，業績改善プロジェクトを全社的に行ったことのない会社では，必ずといってよいほど成果の上がる分野である。

筆者は，売上20億円程度の同族経営の中堅飲食業であるA社において，この導入指導を行った。A社は決算方針があいまいで，業績の悪い年は売上を前倒しで計上，費用は翌期に繰り越したりしていた。

そのため，まず会計方針を厳格に適用することにより正しい決算書を作成，社長と経営幹部に業績の正しい理解と，現在の財政状態の危機的状況，及び将来の倒産リスクを知らせることで，指導を進めていった。また，これらの実態を隠すことなく，全社員に知らせるように指導も行った。

その結果，全社的なコスト削減意識や利益向上意識が管理職や社員にまで伝わり，売上の2～3％に相当する50百万円以上の利益改善効果が出たのである。

A社はやや放漫経営気味で，外部コンサルタントによるショック療法が功を奏し，大きな成果を上げた典型例であるが，他の会社でも，正しい業績の把握と問題意識，危機意識を社内に醸成することで，必ずといってよいほど成果の上がる分野である。

実
践
編

⑵　Ｂ社：「原価管理制度の整備」による成功事例

　MaPSステップⅠ－２の原価管理制度は，主に製造業で整備すべき分野であるが，建設業はもちろん，小売・サービス業のサービス原価や店舗コストに応用しても成果の上がる分野である。中堅中小企業では，原価管理の仕組みが整備されその効果を実際に認識している会社は意外と少ないのが現状である。

　筆者が，売上20～30億円の中堅建築業であるＢ社に原価管理の導入を提案したところ，利益が向上する効果は低いと社長や経営幹部に反対された。Ｂ社の費用の大部分が固定費であり，原価管理を導入したところで固定費を減らすことなど到底できないというのがその理由であった。

　しかし，これらの反対をなんとか説得して導入，厳密な原価管理を実施したところ，Ｂ社は変動費の減少効果があっただけでなく，売上を押し上げる効果も表れ，粗利益で数％と期待以上の成果が上がったのである。

　この原因は，工事別の原価管理を導入することにより，営業責任者や工事責任者がコストの正しい知識と情報を適時適切に習得することができるようになったためであり，各現場の責任者が利益意識をもって受注や施工を実施した結果，予想を上回る売上アップと原価率ダウンの効果が得られたのである。

⑶　Ｃ社：「部門別損益管理制度の整備」による成功事例

　MaPSステップⅠ－３，部門別損益管理制度は，すべての業種に共通して整備すべき分野である。

　特に，多店舗型の小売・サービス業の会社はプロフィットセンターが細分化されているにもかかわらず，店舗別の正しい損益を把握していないか，もしくは店長が認知していない場合があり，そういったケースで，成果が上がりやすい。

　筆者は，売上20億円程度の中堅飲食業であるＣ社で店舗別損益管理制度の導入を指導した。導入前は本社費などの管理費用を，各店舗の売上高に基づき一律配分していたが，店舗ごとの人件費や設備投資額を考慮した配分率に変えたことで，赤字店舗がより明確になり，赤字店の採算性を向上することに成功し

たのである。

　赤字店の店長は，それまで客数や売上高の大きさなど自分に有利な業績要因だけをみて，余裕を持って店舗経営に従事していたが，店舗業績の正しい実態を見せられて意識が変化し，業績改善に取り組んだのがその大きな要因である。

　この店長はコスト改善の取組みの１つとして，食材の仕入を毎日細かく記帳し，料理原価率を日次ベースで把握し，結果として月間の原価率を数％も改善したのである。さらに同様のことが他店舗でも行われるようになり，Ｃ社全体で40〜50百万円の利益アップが実現したのである。

　上記はどれもMaPSステップⅠのみの事例で，ステップⅡの予算管理制度やステップⅢの経営計画に関する成功事例は，ここには紹介していない。

　だが，これら成功事例の会社には，当然その後のプロジェクトで，予算管理強化により競争力アップでさらに収益力を向上させた。また計画策定により収益構造の改革を実現して，その後の会社の業容拡大と成長支援を行っている。

　たとえば，上記Ｃ社では，予算管理の強化で，食品部門の製造業務の外注化でコストダウンを実現し，また販売への戦力の集中により事業競争力を強化した。さらにこれらで向上した収益力をもとに経営計画では，M&Aにより本格的なホテル事業へ参入させて業容を拡大し，売上高を２倍以上に発展させていることも付言しておきたい。

実
践
編

コンサルティングの現場から〜
【その2　月次業績管理からのスタート】

　A社のコンサルティングは，プロジェクトチームを店長以上の管理職と役員中心に編成して，毎月業績検討会議を開催することからスタートした。この会議の目的は業績上の問題点を共有化し，それを討議して組織の一体化を目指すことである。会議を制度化し，管理職に業績に対する関心度を高めさせ，見方，考え方を統一し，危機意識を高めるという目的もある。

　本章で説明したとおりこれらを確立するには，まず容易なテーマの問題解決にチームで取り組み，その成功により組織の結束力を強めるという手法がある。A社でもそれを取り入れたスキームを組むこととし，さらには粗利益改善を実施し，月次業績管理の整備へ向けその土台づくりを行うことにした。

　もちろん，最初に財務内容の調査結果で判明している会社の財務体質上の問題点や同業他社との業績格差による会社の弱点は提言し，その問題解決が急務であることは幹部・管理職に理解してもらっている。そのうえで会議を開催していくと，最初のうちは管理職の発言が少なく，社長やコンサルタントの発言が中心であったが，業績問題点の共有化や危機感の浸透とともに，管理職の発言や問題指摘が多くなってきた。

　こうした会議では，会社によっては業績上の問題を知ることで，会社への批判的な発言や会社の先行きに悲観的な発言もあるが，これらの意見に対し前向きに捉えながら議事を進めることがポイントになる。

　また，業績検討会議ではタイムリーな業績の把握が必要不可欠であるが，A社は月次決算のスピードが遅く，減価償却や賞与引当などの会計処理も月次計上されず，精緻な仕上がりには程遠い業績数値を見ていた。そのため，月次の会計処理を厳格化し適切なものに改善した。

　また，この会議を通じて財務諸表及び業績管理の見方や考え方の教育も合わせて

110

行った。これらが今後の業務改善や業績改善の基本知識となるからである。

　この業績検討会議を制度化すると，管理職の業績に対する関心度は間違いなく高まり，その改善へ向け経営参画意識も向上することで，業績アップ効果が表れるのである。Ａ社においても業績検討会議の制度化により，若干の業績向上効果が見られた。

　この段階でのＡ社のPWC変化は，業績上の問題点が共有化されたことにより，危機感の高揚で業績向上への情熱（Ｐ）も高まり始め，組織の求心力（Ｃ）も向上し始めたが，業績管理に対する知識の植付けは実践で未着手のため知恵の進化（Ｗ）は当然のこと，未だ見られていない。　　　　　　　　（第Ⅶ章末につづく）

第 VII 章

原価 (粗利益) 管理制度の整備

1．整備のポイント

　前章までのステップで月次決算制度が導入され定着してくると，経営幹部や管理職の業績に関する共通認識や問題意識が向上し，業績や月次決算への関心度も高まってくる。ここで次のステップとして，収益改善活動である原価管理制度を導入する。

　業績の低迷している会社では，月次決算制度の導入により，経営幹部や管理職の危機感が向上しただけで経費削減運動が自主的に発生し，利益がアップすることもあるが，それは単なるショック療法であり，長続きは難しいため，継続的で具体的な収益活動は，この原価管理から本格化することになる。

　本章では最初に原価管理に直接関係する，**原価計算のルール整備**と**計算制度設計の留意点**を解説する。原価計算は中堅中小企業ではあまり利用されていないため，設計のポイントがわからないとかえって複雑な制度になってしまい，その後利用が進まないこともあるからである。

　そして，コスト削減をテーマに生産性を向上させる**コストダウン手法や考え方**を解説する。中堅中小企業ではこれらの考え方が管理職に十分教育されていないからである。

　また，原価計算で算出された粗利益を使って，顧客や製品の利益貢献度を把握するための**ポートフォリオ分析**を行い，その選択と集中を戦術とする活用法を説明する。

　さらに，その戦術で活用する**製品（商品）競争力分析手法**も解説する。この手法がないと売上アップのための競争力強化の方向性が出せないからである。

　最後に**問題解決手法**を解説しているが，これは分析による諸々の問題解決に，実務上効果的であるためである。

　具体的手法の解説前にふれておきたいのが，経営者・管理職の原価に対する誤解や認識違いである。それは手間をかけて原価計算制度を導入しても，原価の大部分は固定的な要素が多い人件費だから，コストダウンにはつながらず効果は少ないという誤った認識である。

　実際に原価を構成しているのは，労務費以外にも材料費，外注費，経費があり，これらのなかには変動費的な要素も多く含まれている。したがって，原価を把握することによって，どの製品の変動費率を低下させれば大きな費用削減につながるかがわかり，これらを積み重ねることで全体のコストダウンにもつながるのである。

　また，たとえ固定費がすべてであっても原価計算の導入で製品ごとの粗利益がわかるため，どの製品の売上高を向上させれば全体の粗利益向上につながるのかがわかる。さらに，製品の固定費を下げて，他の生産に固定費を回すなど，同じ固定費でも使い道を変えられることもわかる。

　すなわち，原価計算は経営資源（人・原材料・設備等）の有効活用の手掛かりを与えてくれるのであり，実務上収益改善に大きな効果を発揮してくれる管理制度なのである。

　原価管理は，一般には製造業で行われる生産管理や原価計算に限定されたイメージがあるが，ここでは製品別や商品別，あるいは工事別やサービス別の原価計算を行い，これらと売上高を対比させることにより算出される区分別の売上総利益，すなわち粗利益の管理制度を整備する場合のポイントを説明する。

　したがって，製造業に限らず卸売業・サービス業においても適用できる管理手法であるため，製造業以外の業種でも改善に使える手法であることを理解したうえで，これ以降の解説を読み進めていただきたい。

実践編

2．原価計算の測定，分析，報告ルールをつくる

(1) 原価計算のルールをつくる

原価管理で実務上よくみられる問題点を，列挙してみる。

―原価管理に実務上よく見られる問題点―
- 在庫管理が数量管理のみであり，実地棚卸以外は商品別の原価が把握できない。（卸売業の場合）
- 工事別原価や製品別原価の計算が行われていない。
- 原材料原価は製品別に把握されているが，労務時間や経費が製品別に集計されていないため，実際の製品別原価が把握できない。
- 製品仕様書などにより，製品別の見積原価が設定されているものの，実際原価との差額が製品別に把握されていない。
- 原価計算の報告書類は作成されており，製品別の原価差額も把握されているが，差額の分析が行われていない。

　これらの問題は原価計算ルールが未整備でその内容が進化，改良されていないために起きる問題であるため，ルールづくりから解説を始めたい。
　中堅中小企業では原価計算を形式的には行っているものの，その多くは税務申告のためであり，仕様書をもとに材料費や労務費を概算で見積計算したり，販売価格に予想原価率を掛けて製品単価を決定し，期末在庫を計上している。
　これでは実際の製造費用が増加しても，製品単価には何の影響も与えないため，いったいどの費用単価がどの程度上昇したのか，どの製品の販売価格をどの程度見直せばよいのかがまったくわからず，経営者はカンと経験で経営せざるをえなくなってしまう。

116

　このため，次に示すような項目について，適切な原価計算ルールを作成し，適正な製品原価を算定することにより，経営者のみならず，経営幹部や各部門の管理職も生産に関する共通の認識ができ，経営改善のためのベクトルを合わせることができるのである。

―原価計算ルールの決定項目―

1．月次会計方針の決定
2．勘定科目の定義づけ
3．原価計算制度の決定
4．直接費と間接費の区分と範囲の決定
5．材料費の計算と把握方法
6．労務費の計算と把握方法
7．経費の計算と把握方法
8．間接費の計算と把握方法，間接費の配賦方法
9．コストセンターの決定
10．実際原価と予定原価の利用方法
11．原価差額の集計と把握方法
12．原価差額の分析方法
13．原価単位の決定方法
14．原価勘定間のつながりと原価帳票の様式設計

(2)　原価計算表のアウトプットイメージをもつ

　原価計算のルールづくりのポイントを理解するため，まず原価計算表（図表Ⅶ－1参照）をみて，目標となるアウトプットのイメージを描いていただきたい。この表は製造指図書ごとの原価を把握するロット別原価計算の計算表であり，中堅中小企業の多品種少量の製造業に最も適合している原価計算制度のため，これをアウトプットの事例として掲げた。

実
践
編

117

図表Ⅶ－1　原価計算表

【製造直接費】		
・材料費	材料単価×材料使用量	×××
・外注費	外注単価×外注加工量	×××
・機械加工費	機械チャージ × 機械加工時間 レート　　　（段取時間含む）	×××
	小計	×××
【製造間接費】		
・品質管理部門費	チャージレート×機械加工時間	×××
・生産技術部門費	チャージレート×機械加工時間	×××
・その他業務部門費	チャージレート×機械加工時間	×××
	小計	×××
	合計	×××

　この事例を見るとわかるように，まず製造費用が直接費と間接費に分けられ，直接費はロット別に材料費，外注費，機械加工費に分け，それぞれの計算式に基づき費用を把握している。

　間接費は，間接部門として重要な機能をもつ管理組織（たとえば品質検査管理，生産管理など）の人件費，経費を集計し，これらを一定の基準（たとえば出荷検査数など，事例では機械加工時間）で配賦し，製造指図書別にコストを集計する。

　この原価計算方式を典型例とし，次に原価計算の設計上の留意点を説明したい。

(3)　生産管理を充実する

　原価計算制度では，図表Ⅶ－2のとおり，さまざまな情報を集計しシステムを構築する。

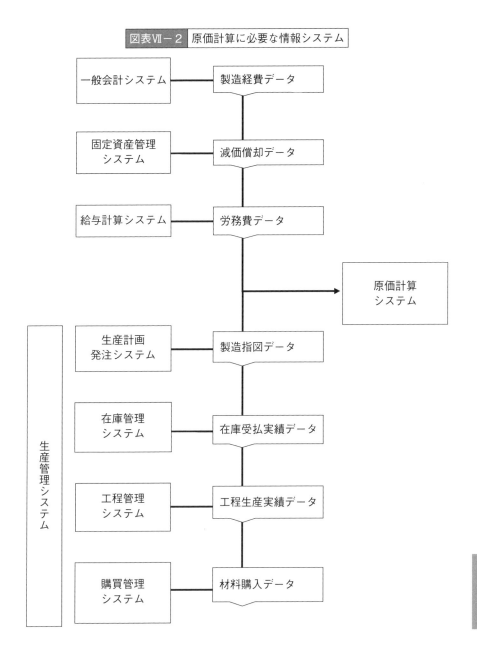

図表Ⅶ－2　原価計算に必要な情報システム

その際毎月実績を把握する，重要なデータは次のとおりである。

―――毎月実績把握する重要データ―――
■作業員別作業時間（製造指図書別）
■機械稼働時間（同）
■原材料使用実績（同）
■外注利用実績（同）
■仕掛品，製品の入庫，出庫，在庫データ（同）
■製品不良実績
■部門別発生人件費，経費金額　など

　製造業であれば，生産計画は中堅中小企業であっても作成している。しかしその多くは，最低限，製品別の在庫量と受注残を管理しなければ顧客への納期管理上，不都合が生じるために作成している。

　しかし生産計画は本来，生産管理に必要なQCD（品質，コスト，納期）を把握するものであり，なかでもコストは，原価計算をしなければ実績把握はできない。在庫量と受注残のみの管理では，本来の生産計画とかけ離れていることになる。

　管理整備はPlan，Do，Seeのうち，Do（実績）の把握から，と他章でもふれているが，原価計算制度でも生産実績を把握し，情報レベルを向上させる生産管理を行わなければ，導入は不可能であることに留意いただきたい。

(4)　計算精度は段階的に高める

　原価計算ルールの設定上，まず重要なことは，最初から精度を高く求めず，徐々に高めるステップをふむことである。

　原価計算はモノの流れに合わせてコストを把握する計算システムであるが，モノの流れやコストの発生を必要以上に正確につかもうとすると，製

造工程をいたずらに細分化し，機械1台ごとの減価償却費を把握するなど，結果としてシステム構築に多大の時間やコストを要し，構築後の運営が複雑かつ，困難になってしまう。

　このため，原価計算導入の初期段階は，細かなモノの流れやコストの把握はできるだけ捨象し，80％程度の精度を目標にして，計算制度のルールを定めることが肝心である。具体的には，作業工程の把握が難しい部品費や消耗材料費などは，無理に工程を分けたり製品別に賦課しようとせず，製造間接費として一定の基準で配賦することである。

　ただし，製品の付加価値アップに重要な工程や作業を見極め，そこで発生するコストや時間については厳密に実績データを把握するシステムを構築し，それを中心とした原価計算システムをつくり上げることが重要である。

(5)　実際原価にこだわらない

　材料費や労務費の原価集計でのポイントは，実際原価にこだわりすぎて計算スピードを犠牲にしないことである。なぜなら，すべての費用を実際原価で集計しようとすると，まず通常の月次決算により材料費や労務費を確定し，それに基づき各工程ごとに費用を計算，最終的に製品別に集計するといったプロセスが必要で，結果として製品在庫の確定及び月次決算の締めが大幅に遅れてしまうからである。

　したがって，原価計算システムの構築にあたっては，できるだけ予定原価を使用することが重要であり，原価計算のスピードを遅らせるような実際原価の集計にはこだわらないことがポイントとなる。

　予定原価の利用とは，たとえば材料費，労務費の計算は，過去の実績に基づいた平均材料費単価や平均賃率などの予定単価を用い，数量のみ毎月の実際使用量や実際労働時間を把握することにより，月次決算と並行して原価計算を進められ，スピードを高めることができるのである。

実践編

⑹　装置型産業では設備・機械コストを中心に考える

　一般的に原価計算の仕組みで，労務費は直接労務費と間接労務費に区分して説明されるが，装置型産業的色彩が濃くなっているわが国の製造業では一部産業を除き，直接工はほとんど製造現場に存在せず，その大半が工程管理や品質管理などに携わっている間接工であり，労務費の大半が間接労務費である場合が多い。

　さらに，こうした業種では，直接工の作業自体も機械の稼働や監視業務であることが多く，すべてを間接労務費としてとらえるほうが製造現場の実態にかなっているともいえるのである。この場合，製品の付加価値を決めるのは機械の加工作業であり，原価計算におけるコスト発生源の中心に位置するのは機械運転時間である。

　したがって，このケースでは機械の加工，運転に合わせた原価計算のプロセスを作り上げることがポイントとなる。具体例をあげると，材料費以外の費用はすべて製造間接費とし，機械を単位とする製造間接費を集計し，それぞれの運転時間に基づき製品単位に配賦する原価計算システムを構築することが考えられる。

　こうした装置型産業においては，直接労務費や直接作業時間を中心に原価計算ルールを設定すると，製品の価値計算に合わない原価を求めることになるため注意が必要である。

⑺　生産ロットごとの作業時間の把握

　原価計算システムの導入時に障害になりやすいのが，工程別や製品ロット別の作業員の作業時間の把握である。

　労働集約型の製造業やサービス業ではコストの多くを占める労務費の原価計算表への配賦は，生産ロットやサービス現場ごとの実際作業時間に基づくことが通常である。一般的には生産ロットや現場ごと，作業日報や作

業報告書で工程別やロット別の作業時間を記録し把握するが，以前からこうした時間報告が習慣化されていないと，報告漏れや時間集計の誤り，日報とタイムカードの食い違い等が多発するため，これらのルールを現場に定着化させるのに相当の時間がかかるのである。

　作業時間の正しい把握と集計は，正確な原価計算の重要な決め手になるものであり，このプロセスを軽視して時間報告をおろそかにすると，工程別や製品ロット別の正確な賃金が算出できず，ひいては，コストのうち重要な部分を占める労務費の把握が不十分となり，結果として算定された工程別や製品ロット別の原価も不正確なものとなり，使えない製品原価になってしまうのである。このことを現場によく理解させたうえで，作業時間の報告システムを定着させる必要がある。

　なお，中堅中小企業の場合，作業時間の報告システムを維持管理するために生産管理の専任者を配置することは困難であると思われるが，現在ではエクセル等の表計算ソフトを活用すれば，専任者がいなくても報告システムの導入と定着化を進めることは十分可能である。また，ICタイムレコーダーや勤怠管理ソフトの導入で，時間報告の手間や報告ミスを避けると同時に作業時間の自動集計が可能となり，労務の合理化のみならず，原価計算の合理化，正確化につながるため，状況に応じて導入を検討することが望ましい。

⑻　在庫増減の数量把握

　「ヒト」と「モノ」の数量把握が日常の業務の中で重要なポイントとなるのはすでに述べたとおりである。

　「ヒト」の数量把握とは，前項のとおり製造に係る工員の作業時間の把握であり，「モノ」の数量把握とは，原材料や製品に係る在庫の受払台帳（継続記録）の整備による受払数量の把握である。

　これらが未整備であれば，原価計算制度導入の前にまずモノの流れの把

実践編

握，すなわち在庫の受払台帳の整備を優先して行うべきである。そもそも原価計算とは生産工程ですべての手段（原材料，労働力，設備，工具等）の使用量と単価を算定し，生産ロット単位に集計するシステムであるため，原材料の使用量の把握が不十分ではシステムの重要な部分が欠落しているからである。

　たとえば，期末の実地棚卸で，帳簿在庫数量と実地棚卸数量との差異が大きく，その原因の多くが仕入数量の転記ミス，商品番号記載ミス等，日常の事務処理誤りであるケースは，モノの把握が不十分な会社とみてよい。また，そもそも原材料や製品の受払台帳（継続記録）がなく，実地棚卸を行わなければ在庫数量が確定しない場合も，同様である。

　こうした会社は，原価計算システムを導入する前にまず，受払台帳を整備し棚卸差異の原因を分析するなど，関連する業務処理プロセスを改善してから始めるのがポイントである。

⑼　原価差額を有効活用する

　原価計算制度を構築すると，目標とするコストと実績コストの差額が把握できる。この予定と実績の差を原価差額というが，この差額は人，機械，外注など生産資源活用のムリ，ムダ，ムラの発見につながり，原価計算を

　　　　　　　　　　　―原価差額の種類―
■数量差異（製品の不良率の把握，材料のムダな消費の把握）
■能率差異（加工作業のムダな時間の把握）
■単価差異（材料の購入単価のムラの把握，外注手配のムラの把握，作業員の賃金コストのムラの把握）
■休止損失（生産計画と実績のムリ，ムダ，ムラの把握，設備稼働時間，現場作業員の作業時間のムリ，ムダ，ムラの把握）

行わなければ入手ができない情報であり，実務で利用価値が高い。

　この原価差額には前ページの種類があり，これを有効活用することで，生産管理に役立つコスト低減の情報も得られることになる。会社に応じてどの原価差額情報がコストダウンに役立つかを考え，そのデータが入手できるよう計算制度をつくり上げていく必要がある。

⑽　原価検討指標を利用する

　原価に係る業績検討の指標は，大きく分けて製造費用に係る指標，製品グループ別指標，及び生産性に係る指標に分かれる。

　製造費用に係る指標は，直接費（材料費，労務費，経費），間接費の部門別や工程別の発生額と予定額の比較により，原価差額の発生状況をみる指標である。

　製品グループ別指標は，製品ごとの予定生産価格と実績単価の比較により，製品グループ別に原価差額の発生状況をみる指標である。

　これらの発生状況の原因追究のためには，直接材料費でいえば，価格差異と数量差異が生じた原因となる分析資料が必要となる。また，直接労務費では，賃率差異と時間差異の分析資料が必要になり，間接費については，能率差異，操業度差異，予算差異に展開する分析資料が必要になる。

　これらの分析指標データをすべて整備することは不可能であり，また，費用対効果も小さいため，あくまでも原価差額の主要発生原因が分析できればよいと考え，分析資料も重要なものに限定して整備することがポイントである。したがって，この分析資料も，予定価格をどこまで適用するかによって範囲が異なってくる。

　生産性に係る指標も，改善の必要度，緊急度の高いものに限定して整備するが，次の指標は，最低限製造部門別に整備すべきである。

実践編

―主要な生産性に係る指標―

■労働生産性

・直接時間比率＝直接作業時間合計÷総就業時間合計×100

・残業率＝残業時間÷所定就業時間×100

■設備生産性

・設備生産性＝生産量÷設備稼働時間

・設備稼働率＝運転時間÷設備稼働可能時間×100

■品　質

・不良率＝不良数÷全加工数×100

■納　期

・計画達成率＝実績数÷生産計画数×100

・納期遅延率＝納期遅れ数量÷生産量×100

⑾　原価計算制度の設計フロー

　ここまで原価計算制度導入の留意点を解説してきたが，最後にシステム設計のための業務フローを掲げるので，参考にしていただきたい。

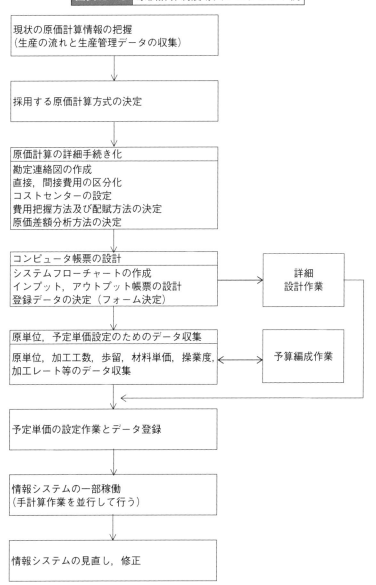

図表Ⅶ-3　原価計算制度導入プロジェクト例

現状の原価計算情報の把握
（生産の流れと生産管理データの収集）

採用する原価計算方式の決定

原価計算の詳細手続き化
勘定連絡図の作成
直接，間接費用の区分化
コストセンターの設定
費用把握方法及び配賦方法の決定
原価差額分析方法の決定

コンピュータ帳票の設計
システムフローチャートの作成
インプット，アウトプット帳票の設計
登録データの決定（フォーム決定）

詳細
設計作業

原単位，予定単価設定のためのデータ収集
原単位，加工工数，歩留，材料単価，操業度，
加工レート等のデータ収集

予算編成作業

予定単価の設定作業とデータ登録

情報システムの一部稼働
（手計算作業を並行して行う）

情報システムの見直し，修正

実
践
編

３．原価検討会議を行う

　原価計算制度が整備され，製品別の原価が定期的にアウトプットされるようになったら，原価検討会議を開催する。

　会議の目的は，①製品グループごとの粗利益の高低の原因分析と対策立案（収益性分析），及び②原価差額などの原価に係る業績指標の分析と対策立案（生産性分析）の２点であり，これらのデータをもとに粗利益改善や生産性向上のための議論を行う。会議は，次ページの手順で進めることになる。

　原価計算制度を発足させた当初は，原価計算により製品別原価が算出できたことだけで満足し，本来の目的を忘れがちになる。特に原価計算の導入や運営を経理部門に依存している会社ほどこの傾向が強く，計算結果の活用が進まないこともあるため注意が必要である。

　また，導入当初においては，会議での原因分析，対策立案のノウハウ，情報収集がどうしても不足しがちになるため，経営幹部や管理職の多くが参加した原価検討会議により，これらを補完することが重要である。

　たとえば，製品の収益性が上がらない理由を参加者にあげてもらう会議を重ね，そこで頻出する要因を集約し，過去対策も参考としながら，効果の高い対策を標準化していくことが重要である。

　もちろん，これらの原因や対策を討議しても，単なる指摘で終わってしまうこともあるため，経営者や経営幹部は必ず進捗状況をフォローすることを忘れてはならない。

　また，収益性低下の原因が特定の個人や組織にあり，それ以上の原因追究が困難なケースは注意が必要である。たとえば，特定の個人による仕損じの多発が原因と判明したものの，それ以上の追究ができない場合は，単に「皆さん，仕損じを減らしましょう」という抽象論で終わらせるのでは

―原価検討会議の進め方―

① 当月の生産実績の報告（経理部門）

　　生産量，生産高，付加価値額，原価差額などの主要原価ファクターの当月実績，目標値または過年度実績値との比較を行い報告する。

② 当月の生産実績の分析と問題点の指摘（経理部門）

　　上記の主要項目の増減理由について，解決すべき短期と長期の問題点を洗い出し発表する。

③ 当月の生産実績の分析結果に対する追加指摘事項をコメント（社長，幹部）

　　②の指摘事項に対する改善指針などを説明する。

④ 業績変動要因と対策の説明（生産部門等）

　　生産部門等より生産増減に関する原因の説明，実施した対策，実施予定の対策をより詳しく具体的に説明する。

⑤ 上記の対策についての回答

　　会議出席者から原因や対策実施の不明点や疑問点を提起してもらい，生産上の問題点の理解や協力を深めてもらう。

⑥ 社長，幹部からのコメントと指示

　　社長や幹部からの生産性向上への取組み，姿勢への説明や対策の不足点や補足点の指示を説明してもらう。

⑦ 翌月実施事項の確認

　　議長が翌月に実施すべき事項として会議で決定された事項を確認し，議事録に残す。

なく，その個人の能力アップや組織的な対策まで含めて討議し，具体的な改善方法や改善部署，改善期間，改善報告などを確認することが重要である。

　こうした原価検討会議を定期的に繰り返し行うと，次第に原因究明や対

実践編

策がパターン化され，改善施策が継続的，習慣的になる。したがって，原価削減や粗利益の改善は自然と行われるようになる。これは，製造現場側にコスト意識や生産性向上意識が強くなり，原価に係る改善活動が活発化してくるからである。

４．生産性向上の考え方は，成功事例を活用する

　原価検討会議にもよくあがるテーマが，コストダウンと生産性の向上である。粗利益を向上させるためには，生産性にかかわるQCD（品質，価格，納期）の諸問題を解決し，コストダウンを実現しなければならないからである。また，これを実現しないと本格的な収益改善は望めないからだ。

　この生産性向上の“あるべき姿”は，成功している企業，たとえばトヨタの「かんばん方式」の管理手法や考え方を取り入れて，問題を解決するのが通例である。これはメーカーに限らず，ほかの業種でもその業務改善での活用価値が大きいからである。

　Column 7では，トヨタの生産性向上策として有名になった「カイゼン」の着眼点・考え方のいくつかを紹介しているので，コストダウンの手法として参考にしていただきたい。

５．ポートフォリオ分析を活用する

　原価管理は，主に建設業や製造業の管理テーマであるため，卸売業やサービス業では，このステップから粗利益管理を進めることになる。

　製造業では原価計算制度の導入により，製品や顧客に関する収益性（利益）情報が整備された段階で，初めて収益性や成長性などの問題点を具体的に検討し，収益改善のための方針を探るプロセスを導入することになる。これにより，ようやく原価管理が導入されたといえるのである。

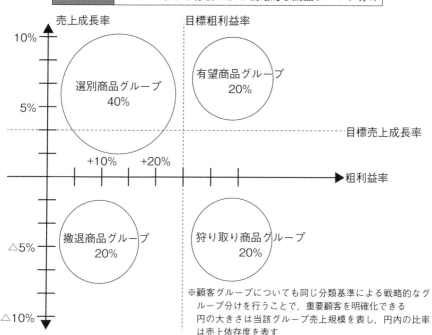

図表Ⅶ－4　ポートフォリオ分析による戦略的な商品グループ分け

※顧客グループについても同じ分類基準による戦略的なグループ分けを行うことで，重要顧客を明確化できる
円の大きさは当該グループ売上規模を表し，円内の比率は売上依存度を表す

　収益改善の分析には，通常これらの問題を一覧しやすいポートフォリオ分析を行うと効果的である。どの製品，どの顧客に会社利益が依存しているか，収益性の低下を起こしているのはどれか，製品ライフサイクルからみる売上衰退期にあるかなど，製品や顧客に対して選別，集中化する戦略を立てるうえで有力な情報を得ることができる。

　通常，この分析では，製品や顧客別の売上高規模，収益性及び成長性の情報を収集し，これらの3次元情報をまとめたポートフォリオ（図表Ⅶ－4）を作成し，収益構造を鳥瞰する。

　図表Ⅶ－4のとおり，商品を売上の収益性（粗利益率），成長性（売上成長率）により4つの区分に分け，これに売上依存度比率や規模を円の大

実
践
編

きさにより記入することで，商品の重要性（売上依存度），収益性，成長性といった原価に係る構造上の問題が容易に発見できる。

　たとえば，図表Ⅶ－4の商品の収益構造の例では，収益性が低い選別商品グループへの売上依存度が高く，このグループの収益力改善が課題であることがわかる。

　この分析表を活用することで，製品や顧客について改善すべき課題が管理職と共通化でき，解決の緊急性や方向性も認識されることになる。

　また，次章の部門別損益管理においても，部門ごとに作成し，事業強化方針を製品や顧客に具体的に落とし込むのに有効なツールとなる。

　このポートフォリオ分析の検討ポイントは，以下のとおりである。

　　　　　　　　─ポートフォリオ分析のチェックポイント─

■収益性が高く，成長性も高い有望製品グループや顧客グループの売上全体に占める割合が小さくなっていないか？

　　この比率が低いということは，顧客開拓や製品開発が不十分なことを表している。

■収益性・成長性のどちらかに問題を抱えた選別すべき製品グループや顧客グループの売上比率に占める割合が，売上比率の多くを占めていないか？

　　この区分の製品や顧客は，収益性改善の検討対象となる。また，これらの製品や顧客から選択して，製品改良や顧客の拡販方針を検討する必要がある。

■収益性が低く，成長性も低い製品グループや顧客グループが，売上比率の多くを占めていないか？

　　これらの製品や顧客は，基本的に撤退が望ましい製品グループや顧客グループとなる。

　ポートフォリオで収益改善方針を検討する際，特に注目するのが，収益

性や成長性の高い製品グループや顧客グループである。これらはいわばツキのある製品や顧客であり，これらツキのあるものをさらに伸ばすにはどうしたらよいかを検討課題の中心とすることが重要である。

　なぜなら，人間と同じように，会社も短所を修正するよりも長所を伸ばしたほうがその魅力を発揮しやすく，長所をもつ製品や顧客を伸ばすほうが，実現可能性の高い収益改善方針を作れるからである。

　最後に，ポートフォリオ表の作成上のポイントを示しておく。

> ―ポートフォリオ作成のポイント―
> ■収益性，成長性の指標は会社の好不況の一時的要因を排除するため，できれば3年間位の平均比率を用いて表を作ること。
> ■4象限の区分基準として，会社全体の収益性，成長性の平均値や目標値を使うことで問題点を的確に把握できる。たとえば，会社全体の売上高の成長率の過去3年間の平均値を求め，それを利用して区分することが有効である。
> ■収益性，成長性が大きく変動する場合や低水準やマイナスである場合は，同業他社や業界平均値を用いてこれらの比率を修正し，問題製品や顧客を顕在化するポートフォリオを意図的に作り，収益性，成長性の改善に向けての危機意識や問題意識を高める工夫をすること。

6. 製商品力を分析，問題点を洗い出す

　ポートフォリオ分析により自社の強い製商品，弱い製商品が明確になると，次に問題となるのはそれぞれの製商品力をどう強化し，改善していくかという点である。これに活用できるのが製商品力分析のスキルである。

　たとえば，「うちの商品はここに問題があるから売れない」「ライバル会社と比較してここを改善しなければ売上はアップしない」といった問題点

実践編

の指摘を会議で行い，これらの問題点を明確にし，対策を立案していくアプローチである。

(1) 購買決定要因の明確化

　製商品力の分析は，まずその購買ターゲットとする顧客のニーズ，すなわち購買決定要因を明確にすることから始まる。顧客のニーズ＝需要動機が不明確だと，単なる担当者の思い込みや他社のモノマネによる製商品の改善に取り組むリスクがあるからである。

　購買決定要因の討議を行うと，種々の顧客ニーズが抽出され定義が細かすぎて絞り込みができないことや，逆に定義が大まかで具体的でないこともあるため，ニーズを分類する基準をあらかじめ決めておく必要がある。

　通常は，製商品の機能，品質，外観，形状，価格，構造などにより分類基準を定め，顧客ニーズの収集と集約を行うとよい。この収集と集約により，何が具体的な購買決定要因なのか，優先順位が高いのは何か，ニーズはどう変化しているかなどを明らかにするのである。

(2) ライバル会社の製商品評価

　購買決定要因が明らかになると，次はライバル会社の製商品評価に入る。

　競合製商品の情報収集が十分でないとその評価があいまいになるため，ホームページやパンフレット，顧客の評価等十分な情報をまず収集し，具体的な購買理由を明確化したうえで評価することがポイントとなる。

　次ページの図Ⅶ－5で示した製品評価表は，ノートパソコンをイメージして，評価した例である。評価グレードは，5段階評価であるが，複雑な機能をもっているのであれば，10段階評価でもよい。

　評価表では，購買決定要因の優先順位も示しており，これを使ってライバル会社の製商品評価を行うと，どのようなニーズの顧客層をターゲットとしているか，その製商品戦略や顧客層の幅（全体客や部分客）を検討す

ることにつながる。さらに自社のターゲット顧客が，他社の製商品とどう
違うかを再検討するのにも役立つことになる。

図表Ⅶ－5　製品評価表

××製品

	優先順位	当社	A社 （シェア○%）	B社 （シェア○%）	C社 （シェア○%）
製品価格の安価性	1	△	○	○	△
納期対応と付帯サービスの良さ	2	○	○	△	△
修理や問合せ対応の良さ	3	○	○	△	△
製品外観の良さ	4	△	○	△	×
製品の形状 （使いやすさ，コンパクト性）	5	△	○	△	×
××製品における他社の製品優位性の評価と当社製品のシェアアップの改善余地の検討のコメント					

　この評価はさらに，競合他社との価格対性能比較，すなわち製商品機能
の重要要素と販売価格がどのように影響しているかを推測でき，自社と他
社との価格差が顧客ニーズをふまえた合理性のあるものなのかを検討する
際にも役立つ。

(3)　自社の製商品評価

　次の段階は，自社の製商品評価である。この場合，どうしても自社にあ
まい楽観的な評価になりやすいため，具体的な根拠を明らかにして厳しい
見方で評価を行うよう指導する必要がある。

(4)　分析結果の総括

　上記の分析プロセスを通して自社製商品の強みと弱みが明らかになり，
改善対象と改善ポイントの候補先が見えてくることになる。

実践編

　これらが判明しても，具体的にどう改善していくかはさらなる分析が必要であり，これらの改善の実現可能性，コスト予測と効果予測を行い，製商品の改善案が決定されることになる。ここからは製商品の開発や改良の範ちゅうであり，各社が独自の方法で製商品力の向上に努めていただきたい。

　なお，中堅中小企業の場合，これまでの分析ツールが標準化，プロセス化されていないと，短絡的評価や主観的評価に陥ることが多いため，自社の製商品力改善のためのプロセスを標準化，ルール化することが重要である。

7．問題解決技法を活用する

　業績検討会議や原価検討会議でよく遭遇する問題であるが，管理職らが問題解決の基本技法を知らないことがあげられる。このまま会議を進めていくと，次のような問題が発生する。

―会議での問題点―

■指摘された問題点が抽象的で，議論が進めにくい。

■情報が不足していて，指摘された問題点の信憑性が疑わしい。

■問題解決の流れを知らないため，問題点の指摘のみで終わってしまう。

■短絡的な解決策しか出てこないため，問題解決が進まない。

■問題の構造的把握ができず，表面的な事象のみを指摘している。

■問題点の整理方法がわからないため，同じような問題点が羅列されてしまう。

■問題解決に積極的に取り組む姿勢がなく，その自信もない。

　これらはすべて，問題解決に取り組む基本的な考え方を知らないことにより生ずるものであり，せっかく分析力が向上し，問題点が把握できても，

肝心の解決に至らず，課題が未解決のまま放置されることが多くなってしまう。

　そこで導入したいのが，基本的な問題解決技法の活用である。問題とは「状況とあるべき姿のギャップ」というように定義され，「問題が分かる」ということは「分」という漢字の示すとおり，いかに問題を分けて考え，とらえるかが重要なのである。

　問題解決技法の標準的な手順を図表Ⅶ－6に掲げる。最初はこれを活用する必要があるが，問題の性質によってさまざまパターンを，次の手法により適宜用意していくことが望ましい。

図表Ⅶ－6　問題解決技法の流れ

1．問題の指摘	その問題は調査と対策立案にふさわしい問題か？
2．問題の事実の把握	その問題はどこで，どの位発生し，機会損失はどれだけあるか？ それを解消した場合の効果の予測（期待値）はどのくらいか？（事実を5W1Hで把握）
3．問題の解決策の検討	その問題をどのように解決するか？ 対策として考えられるのはどのようなものか？ また，対策の効果の予測は？
4．対策案と絞込み	各種対策（候補案）についての効果と実行テストと実現可能性，実施期間から対策案を絞り込む
5．対策のスケジュール化実行の組織づくり	対策の具体的手順化とスケジュール，実行のための組織づくりの立案 実施後の効果の監視と実施方法の改善，改良による効果の引上げ

実践編

137

アイデアの収集と整理，体系化に役立つのがブレーンストーミングとKJ法である。これらの手法はよく知られているが，問題に関する多様な原因や対策案を討議する導入部としてはよい手法である。

この手法をさらに進めた方法に，連関図と系統図がある。連関図は，原因追究を詳細に進め，原因のつながりや構造把握に役立ち，系統図は，方針の細分化など方針と施策を系統立って立案していくうえで役立つ。

これらは主に定性的問題の検討に役立つが，定量的な問題把握と重要ポイントの把握には，ABC分析が役立つ。

紹介したこれらの手法の具体的な説明は省略するが，いずれも問題や対策を「分」けて考えるうえで欠かせない基本的手法といえ，会議での問題討議や対策立案に役立つ手法である。

ただし，これらの手法は対策立案に時間がかかるため，問題から即対策を考えたがる短絡的解決法に慣れた管理者には不便と感じるが，問題の構造が複雑で対策が明らかでない，あるいは対策がなかなかとれていない重要な問題に使うことに限定すれば，その効果が表れやすい手法である。

なお，これらの問題解決手法は予算管理や経営計画作成でも，課題の整理や問題構造の把握，対策立案に役立つので，活用していただきたい。

8. 原価管理強化による粗利益改善の具体例

最後に，ここまで説明した粗利益改善の手法を使って，具体的なスキーム例を挙げる。ここで挙げた項目は，原価管理の強化により収益改善の効果を上げやすい分野であるので，経営施策として参考にしていただきたい。

もちろん，この施策を実施するにあたっては解説している原価計算手法や原価差額分析，その原因追究のための問題解決手法，製品競争力の比較分析手法などを利用して施策を立案している。また，この施策は次章で解説する部門損益改善の施策とも共有するものである。

―粗利益改善のスキーム例―

1．原価の把握による低収益製品の収益力アップ

　　低採算の製品やサービスの原価計算を行うことで，その製品のコスト
　で高い比率を占める材料費や外注費，社内加工費の削減対象が明確にな
　り，その削減を行うことで収益力をアップする。

2．原価の把握による高収益製品への販売シフト

　　原価計算を行うことで高収益な製品が明らかになり，その販売力を増
　強して高収益製品の売上比率を増加し収益力をアップする。

3．コストダウン手法の導入による製造コスト削減

　　生産コストを削減するために職場の規律アップ，業務の標準化や効率
　化，作業員の作業能力アップなどで作業工数を削減し，収益力をアップ
　する。

4．ライバル企業との製品，サービス比較で製品のQCDの向上

　　競合会社の製品，サービスの仕様，品質，価格，納期，サービス内容
　の比較検討を行い，その比較から有効な差別化要素（たとえば新たなる
　サービスの付加）を発見し，その差別化要因の具体化，実現化により売
　上をアップする。

5．粗利益格差の分析と抜本的改善策の実行

　　同業他社の原価（売上）構成を比較分析し，コストで格差を生んでい
　る要因に抜本的改善策（外注化など）を打つ。

6．運転資金の分析による資金の効率化

　　在庫や売上債権など運転資金を要している分野に対し，資金を効率化
　するプロジェクトを発足し，効果的な施策（在庫削減，債権早期回収）
　を企画・立案・実行する。

実
践
編

業績管理＆生産性向上

Column 7

原価管理体制─
「カイゼン」の着眼点・考え方

　本章4節でもふれたが，一般の中堅中小企業では，粗利益を向上させるための諸問題を解決しコストダウンを実現するのは，なかなかハードルが高い。粗利益の伸び悩みもあるだろうが，優良企業の成功事例を真似するだけでも，自社に合った収益改善のヒントが得られるかもしれない。

　そこで生産性向上策の成功事例である，トヨタ「カイゼン」の着眼点・考え方を要約して紹介する。この優れた生産性向上の考え方や管理手法を取り入れて生産現場の生産性を大幅改善した企業も多い。なお，この「カイゼン」については，参考文献に掲げた若松義人氏の『「トヨタ式」大全』の第1章「世界を制した「改善」のすべて」に詳しく解説されているので，ぜひとも，参考にしていただきたい。

　　　　　　─「カイゼン」の着眼点・考え方─

⑴　ムダとは何かを明らかにし生産現場のムダは多くあると考える

　トヨタでは，ムダとは付加価値を高めない，いろいろな現象や結果のことである。たとえば動作のムダはものづくりの作業に何ら必要がなく，原価のみを高める動作をいう。

　なくて七癖というが，現場には次のようにムダは必ずある。ムダを一時的に省いても新しい機械等を入れ，新しい状況になると，また新たなムダが生まれるのが通常である。

　不良品手直し，つくりすぎのムダ，加工そのもののムダ，運搬のムダ，在庫のムダ，動作のムダ，手持ちのムダ，産業廃棄物のムダなどである。

(2)　改善のスタートは5S（整理，整頓，清掃，清潔，躾）から行う

整理とはいらないものを処分すること，整頓とはいつでもほしいものを取り出せること。整理から始め利用頻度の低いものを処分して，整頓された状態にすることが重要である。また，整理は利用状況を示した名札を貼り，不要なモノがひと目でわかるようにすることから始まり，これによって不要なものが処分できるようになる。

また，清潔とは，整理，整頓，清掃の維持と継続のことをいい，年中行事で行うのではなく，日常業務として，習慣として続けることが大切で，あとからやまとめてではなく，気づいたら即実行を習慣づけること。

さらに，清掃には，人を変える力があり，掃除したからといって，業績がすぐ改善されるわけではないが，掃除を通して，自分たちの職場は，自分達で守っていくという姿勢が生まれれば，つくる力も格段に上がるものである。

(3)　品質，納期，コストの改善ポイント

品質は工程でつくり込むもので最終の品質検品で良品を選別するのではなく，良品のみを後工程へ送り出す形態とし，不良をつくらないよう工程を改善することが重要である。

不良をゼロにするには，不良が生じた場合，なぜなぜを5回くり返し，その真因を追求することが重要である。

(4)　価格はお客様が決めると考えて，原価削減方法を決めること

モノの値段は，お客様が決めることが前提で，その前提でコストの改善を進めていくのが重要で，「売値（お客様が決める）－原価＝利益」という利益方程式で考えること。原価は，計算するためではなく，下げるためにあると考え，品質や納期を改善することで，原価も確実に低減すると考えること。

さらにこの原価を下げるには，下記のルートがありそれを実行すること

実践編

141

① 原価を見える化すること

② 基準原価を設けること

原価を見える化した後，次にいくら下げるかという基準原価を明確にすること。これには，競合会社の原価をベンチマークして，そこに勝つ基準原価を設定すること。

③ 現場から改善のヒントを見つけること

原価低減はスタッフが机上のプランで考えるよりも，現場で働く人たちが実際の仕事を通して，ムダに気づき，「もっと良い方法は？」と知恵をめぐらせる方が，はるかに役立つことになる。

④ 原価知識より，原価意識が重要であること

原価知識のある人は，売れ残りの過剰在庫も資産だと計算するが，機械の稼働率を上げて在庫をつくっても，ムダな在庫が増えるだけである。

原価意識がなく，原価知識だけに頼り，計算する誤りに注意すること。現場で働く1人ひとりがしっかりとした原価意識をもって改善に努力することが大切。

(5) **在庫は罪悪を徹底すること**

在庫削減にはリードタイムの短縮が不可欠であり，そのためには下記の7つの改善を行うことが重要である。

生産ロットの縮小，生産の平準化，ラインの見直し，取替えの短縮，工程内のムダの削減，不良品をつくらない，目で見る管理である。

この中で，目で見る管理とは，現在の生産量の計画に対する進捗状況を誰が見てもわかるようにすることであり，人ではなく，システムを改善すること。このように不良品をなくすには，人間の注意力だけに頼らず，ミスを未然に防ぐ仕組みづくりが大切である。

(6) **改善には業務の標準化と多能工化が必要**

可能な限り標準的な作業にして，誰にでもできる仕事に変えること，そして1人ができるだけ多くの業務をできるようにすること（多能工化）

が生産性向上につながる。また現場だけでなく，管理部門も同様の考え方で効率化させることが必要である。

⑺　ムリ，ムダ，ムラの改善には順序がある

　人の多すぎや過剰在庫，過剰設備のムダは，生産量や仕事量が日，月，季節で大きなムラがあるためで，それを可能な限り平準化すること。

　仕事量や生産量にムラがあると，ムリが生じて，たくさんのムダが生じやすいためであり，ムラ，ムリ，ムダの順番で改善すること。

コンサルティングの現場から〜
【その３　粗利益率改善への挑戦】

　プロジェクトのスタートから半年ほど経過した段階で，粗利益率改善の業績管理を強化させることにした。

　これまでの店舗別月次損益でその推移を見ると，店舗別の粗利益率は分散しており同じ店舗であっても粗利益率は安定していなかった。その点を問題視し会社側に意見してみたが，業態が違うからと説明されたので，同業態他社と比較してみたが，やはり見劣りするものであった。

　そこで少なくとも同業態他社の粗利益率やその業態のあるべき粗利益率に近づけるため何が必要かを討議し，改善策のリストアップとその効果を検討した。

　幸い店長や管理職は飲食業界のセミナーに参加し，業態別のあるべき計数値（売上高に対する原材料費率，経費率，飲料原価率，人件費率）に関する研修で知識教育を受けていたが，実際にそれを活用するまでには至っていない状況であった。

　この導入により特に効果が期待されたのは，日々の売上高にあわせ食材の調達と管理を徹底させることで，原材料費率の低減化と安定化を行うことであった。しかしこの方針選択には，当該分野が料理長の職責であり，食材の調達に文句をつけることはこの業界ではご法度であったことから，導入には困難が予想された。経営者の覚悟が問われる場面であったが，業績に対する危機感が功を奏し導入の決定がなされた。もちろん店長だけの説得では無理があるため，社長からも料理長へ説得と協力を取り付ける行動が必要であったが，それもスムーズに進めることができた。

　料理長はこれを機に，日々の売上・原材料費率が把握可能となり，食材ロスの削減や安価な調達が実現した。

　この原材料費削減の改善策実行の効果は期待以上であり，他の施策効果も含めて50百万円近くの収益改善効果が表れた。

　また，この施策の成功とともに業績向上への組織の一体感が生まれ，収益改善策

の実行に管理職の積極性もみられるようになった。前章で説明したように容易な
テーマの問題解決を図ることで組織の一体感を作ることに成功したのである。

　この段階でのPWCの変化は，具体的な粗利益率改善に関する業績管理の知恵が
発揮された。すなわち，知恵（W）は進化し始め，粗利益率改善の成功により業績
への関心度，情熱（P）や組織の一体感，求心力（C）は先に述べたように，さら
に高まったといってよい。　　　　　　　　　　　　　　　　（第Ⅷ章末につづく）

第VIII章

部門別損益管理制度の整備

1．整備のポイント

　月次業績管理体制の整備のための最終ステップは，部門別損益管理の導入である。

　これまでのMaPSによるステップを部門別の各管理職の視点から振り返ると，第1ステップでは，各管理職に会社全体の決算書の内容や月次業績の問題点が理解されるようになり，業績向上意識が育ってきた。第2ステップでは，会社の販売する各製品の原価や粗利益が把握され，製商品のポートフォリオや製商品力の問題点が理解されているはずである。

　本章でのステップは，これまでに導入された月次の実績管理体制を部門別に展開し，部門長が部門業績に対する責任意識を高め，さらに詳しい問題点の所在や対策の実行を積極的に立案することを目的に導入するものである。

　まずはじめは，部門業績を適切に把握するための部門別損益管理ルールのつくり方である。それに基づく部門長の職務権限の強化もふくめ，会社にあった部門経営の手法を導入していただきたい。

　これに関連して部門経営の強化に伴う業務分掌のつくり方や管理業務の改善テーマも解説している。部門長は，部門のあるべき業務の内容やその管理ポイントがわからないと効果的な業務と管理が行えないからである。

　さらに営業部門の業務改善テーマとして，営業活動の実態分析の手法や営業マンの能力強化についても解説している。営業部門の業務改善においては，営業力改善が重要なテーマになるからである。

　次に，部門別損益管理の実務上の問題点を掲げる。改善すべき事項と考え参照してもらいたい。

―部門別損益管理の実務上の問題点―

① 部門別損益の計算ルールが確立されていない。

② 部門別損益が計算されていてもオープン化，共有化されていない。

③ 部門に係る直接費用のみを配分し，間接費用や本社管理費用などの共通費用を配分していないためトータルの部門採算がわからない。

④ 共通費用は各部門に配分しているものの，赤字部門に配賦しない等，特定部門に有利になっている。

⑤ 各部門に帰属する設備や運転資金の多寡が部門別損益に考慮されておらず，使用資本に対する効率性や収益性が検討されていない。

⑥ 部門別損益の赤字部門が放置されており，抜本的解決策が検討されていない。

⑦ 部門別損益に対する認識が低く，職場の一般社員の採算意識の向上にまで役立っていない。

⑧ 部門別損益の公表が遅く，タイムリーでないため部門長の利益改善意識が弱い。

⑨ 部門別損益は公表されているが，業績検討会議のテーマとなっていないため，改善策が実施されていない。

　本章の説明に入る前に，部門別損益管理の必要性を，組織論から考えてみたい。

　日本の中堅中小企業の多くは，営業，生産，購買，管理など，職能別組織をベースに組織編成を行っている。この組織形態は，職能別専門家の育成には適しているが，経営者育成や全社的な見方，考え方ができる管理職を育成するには適していないといわれている。なぜなら，営業職の管理職は，営業成績の向上ばかりに目がいき，経営者のように全社的なものの見方，考え方ができにくいからである。

　このため中堅中小企業の営業の管理職は，売上高を増加させるための施

実践編

149

策には強いが，事業全体で利益をあげる発想には弱みをもつ人が多いのである。

　この弱みを是正し，経営者としての自覚と責任をもち，能力育成の管理の仕組みまで制度化できて初めて，部門別損益管理といえる。

２．部門別損益管理制度の測定ルールをつくる

　部門別損益管理制度の整備ポイントは，意外に思われるかもしれないが，部門業績測定のための計算ルールである。

　収益の帰属部門や部門共通費の配分といった計算ルールには100％の正解がなく，どうしても主観的な部分が残るため，計算ルールの公平性，客観性，納得性などに対する部門長の共感に時間がかかり，定着化にも時間を要することが多い。

　しかし，部門別損益とは各職場の成績表であり，これをオープンにすることは，部門長のみならず一般社員やパートにまで自分たちの職場の成績を知らせることであるため，ここは相当の時間を要しても，計算ルールにはすべての部門長の承諾を得たうえで実施する必要がある。不公平感のある成績表を渡されても，職場の採算意識は向上するはずがないのである。

　納得した成績表が発表されることにより，職場に採算意識が根づき，自主的に改善案が出され，各種の改善活動が実施されるようになるのである。

　計算ルールの公平性，客観性の重要性は認識いただけたと思うので，具体的内容に入るが，計算ルールとして決めるべき項目は次ページのとおりである。

　部門損益計算の測定と把握で最初に行うことは，営業部課別や店舗別，すなわち部門別に売上高を測定することである。すでに自社の販売管理システムなどにより部門別の売上高が毎月把握されていれば，この測定は容易であるが，システムが未整備の場合，売上区分が商品別のみで部門別に

なっていない場合は測定が困難である。この場合，システムを整備することが必要である。

―部門損益計算ルールの決定項目―

1．部門損益単位の決定－どの部課を業績把握の単位とするか
2．部門別損益計算方法の明確化
　① 部門別売上（収益）計上手続き－売上をどのように部課別に把握し，集計するか
　② 部門別費用集計手続き
　●部門個別費の範囲と集計手続き－どの科目を部課別の直接費とし，どのように集計するか
　●部門共通費の範囲と配分手続き－どの科目を部課別の共通費とし，どのように配分するか
　●本社費の範囲と配分手続き－管理部門費などの全体費用をどう配分するか
　③ 部門別利益と業績責任との関連性－部課長に責任を課す利益をどこまでとするか
　④ 責任利益の区分と責任者の明確化－業績責任を課す職位をどこまでとするか
3．部門別使用資本（運転資金）の明確化－売上債権，在庫，仕入債務の細分化ルールと計上手続き－運転資金の各科目をどのように部課別に配分するか，その集計，細分化をどのような手順でするか
4．部門別業績指標の見方，考え方－収益性，効率性の指標の算出方法とその業績責任との関連性の説明

　部門別計算ルールで最大の問題はコスト面，すなわち部門別売上原価の把握である。前章で製商品別の売上高や売上原価は算定できるはずである。しかし，だからといって部門別売上原価が把握できるわけではない。部門別売上原価の算定は，製商品の在庫管理が適切に行われ，顧客別，部課別の入出庫高，在庫高の把握が，月次ベースで可能でないと難しい面がある。

　したがって，これらが未整備の場合，まず先に情報整備することになる。なお，部門別の在庫金額を把握する際，会社によっては在庫を部課別に区分せず，営業部門トータルで把握する場合もあるため，このようなケースでは部課ごとの売上比率で在庫金額を配分するなど，便宜的な算定ルールも合わせて構築しておく必要がある。

　販売費及び一般管理費における部門共通費の配分については，最近は企業システムはもちろん，汎用会計ソフトでも部門別の人員数や面積を事前に設定し，毎月の人件費や経費を自動的に配分計算する機能が付加されていることが多く，容易に部門別の人件費や経費が把握できる。

　したがって，ここで重要なのは事前に設定する人員数や面積比といった部門別共通費の配分基準の決定方法であり，各部門長の共感を得るような配分基準を納得のいくまで話し合い，部門間の合意をつくり上げることが必要なのである。

　最後に，明確にルールを定めておくべきことは部門個別費及び部門共通費以外の本社管理部門や開発部門などの費用，いわゆる本社費の配分である。これら本社費を各部門の業績指標である売上高，粗利益，貢献利益，営業利益のどの尺度で配分するのか，年間一律にするのか，月次ベースで変動させるのか，よく議論になるテーマである。この問題を討議すると，各部門長による議論が紛糾して結論が出ないこともある。

　この問題の絶対的な正解はないが，あえていえば前年度の部門別の人件費実績に基づき，年間一律で共通費を配分することが実務上は最も適切であると思われる。中堅中小企業の場合，本社管理部門費等の実際の発生原

因が何であるかを見極めることは作業上不可能に近く，それを追究するよりも最大のコストである人件費に着目し，「人を増やせば経費も増える」との一般原則により，人件費一本で配分することが実務上は適切なことが多い。使い古された言い回しだが，「シンプル・イズ・ベスト」とは，いつの時代でも変わらないのである。

3．マネジメントレポートのフォームをつくる

　部門別損益計算ルールを明らかにした後は，業績報告のためのマネジメントレポートの設計に入る。マネジメントレポートとは，部門長に経営者感覚を養ってもらうための月次の部門別業績報告書であり，各部門長に経営をトータルに見せ，業績向上のために適切な手を打ってもらうには，部門マネジメントの成果を明らかにした適切なマネジメントレポートスタイルの月次報告書が不可欠である。

　部門マネジメントの成果とは，部門長の行う経営活動全体であり，その対象は日々の事業活動を表す損益計算書のみならず，一定期間の財務活動を表す貸借対照表やその他の部門活動を含む広範囲なものとなる。

　損益計算書の重要なポイントは部門長の業績責任，すなわち次項で説明する貢献利益であるが，一方，貸借対照表の重要なポイントは部門長の資金繰り責任，すなわち運転資金である。運転資金とは事業の運営に必要な資金であり，売上債権及び在庫の合計額から仕入債務を差し引いたものであるが，これらの各項目は，部門マネジメントの資金効率を判断するうえで欠かせない指標であり，これらの状況をレポートに入れることが必須となる。

　通常のマネジメントレポートは，図表Ⅷ－1のとおりである。

実
践
編

図表Ⅷ－1　部門別管理表

部門別業績項目	内訳	当月		計画		累計値		累計値差額対前年同期	累計値差額対予算
		金額	比率	金額	比率	実績	予算		
売上高	A部門								
	B部門								
	C部門								
	小計								
売上原価	A部門								
	B部門								
	C部門								
	小計								
粗利益	A部門								
	B部門								
	C部門								
	小計								
部門個別費	A部門								
	B部門								
	C部門								
	小計								
部門共通費	A部門								
	B部門								
	C部門								
	小計								
部門貢献利益	A部門								
	B部門								
	C部門								
	小計								
本社費配賦額	A部門								
	B部門								
	C部門								
	小計								
会社利益貢献額	A部門								
	B部門								
	C部門								
	小計								
運転資金配賦額と資金効率（％）	A部門（％）								
	B部門（％）								
	C部門（％）								
	小計（％）								

（％＝部門貢献利益÷運転資金配賦額）

　業績尺度以外に重要なのは，毎月の業績変動の理由（原因）と翌月の対策を明記させることである。

　マネジメントレポートを見ていると，業績変動の理由に関するコメントが，「A社に対する売上が10％減少し，B社への売上が５％減少したため」といった顧客別の売上高増減の記載など，表面的な原因だけの記載例が多い。こうした事態に陥っているケースでは，対策についても「A社に積極的に営業活動を行う」といったやはり不十分な対応になっている。

　経営者が部門長に期待しているコメントは，どういった活動や提案を行い，成果がどうだったのかという営業活動の分析と結果であり，さらにその結果に対して翌月どのような活動を企画したのかという，Plan（計画），Do（実行），See（分析）の活動状況の報告なのである。単なる表面的な数値の差異報告ではないのである。

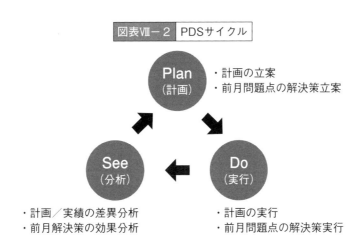

図表Ⅷ－２　PDSサイクル

Plan（計画）
・計画の立案
・前月問題点の解決策立案

Do（実行）
・計画の実行
・前月問題点の解決策実行

See（分析）
・計画／実績の差異分析
・前月解決策の効果分析

　営業活動が成行きで行われていたり，計画性がない場合，このようなコメントが多くなるため，マネジメントレポートのフォーム作成後の指導が重要である。

　また，これと似たようなケースで，毎月同じような原因と対策の記載に

とどまり，新たに立案された施策が見られないことがある。売上増加のための販売施策や方針を書かせると「顧客の売上深耕」という言葉をよく使う管理職がいるが，実際の活動状況を聞くとセールス活動が決して「深く耕す」といったレベルにまで達していないものが見られる。

　繰り返しになるが，マネジメントは，Plan，Do，Seeの管理サイクルを回し，より成果の上がるものへレベルアップさせていく活動である。この意味を部門長に理解させるうえでも，マネジメントレポート様式の記載内容の指導が重要である。

　これに関連してPDCAの管理手法で覚えてほしいのが，良いPDCAと悪いPDCAの考え方である。

　良いPDCAとはサイクルのなかで新たな気づきがあり，さらなる改善につながる進化が存在するものである。一方，良くないPDCAは単なる反復，惰性のサイクルであり，何も生まれないPDCAである。形だけのPDCAに陥るとすでに見えていることやわかっていることに基づく計画や行動に力点が移り，組織内論理で物事が動いてしまう。

　基本的には同じことを繰り返すほうが楽なので，このような内なる論理は変化を嫌い，経営の硬直化を進め惰性の経営が始まることになる。そしてPDCAのC（チェック）とA（アクション）が疎かになり，結果として組織の知恵の進化の動きが止まってしまうのである。

　さらにこれを続けていると外部環境の変化に対しても鈍感になり，対応力も弱まり，対症療法の経営や成行き経営に陥ることになる。このようなPDCAに陥っていないか，常にその回し方には神経を使っていただきたい。

4．部門別の業績責任分析指標を導入する

　マネジメントレポートにおいて，資金繰り責任と同じく最重要なポイントが部門長の利益責任である。この段階では，部門長に責任を負わせるべき業績指標は何であるかの検討が必要である。

　部門長に業績責任を負わせるのは，管理可能な指標，すなわち部門長の裁量により改善できる指標に限るべきである。したがって，部門長の意思決定外の事項（社長の専決事項等）や改善のアクションが直接取れない事項（外部環境の激変など）から発生した費用は，責任を負わせるべきではないという考え方である。

　この考え方によると，販売費及び一般管理費のうち，本社費を配分する前のいわゆる「部門貢献利益」までを部門長責任となる利益とし，全社的視点で採算性を見る指標としては，共通コストを配分した後の「会社利益貢献額（営業利益）」をとらえることとなる（図表Ⅷ－3参照）。

図表Ⅷ－3 部門別利益の内容

科目名		部門別損益	内　　容
売上高		1,000	部門別の売上高
売上原価		800	上記に対応する原価
粗利益（売上総利益）		200	
販管費	部門個別費	100	販売費，交通費など
	部門共通費	30	賃借料，保険料など
	部門貢献利益	70	部門長の責任利益
	本社費配賦額	20	本社管理費，開発費など
会社利益貢献額（営業利益）		50	部門としての評価対象

実践編

　この考え方は，実務上も管理職が納得しやすいので，指標を設定することは問題ないが，部門長が毎月業績検討の対象とするのは「部門貢献利益」でなく，本社費を配分した後の会社全体の営業利益と同じベースで考えた部門別の「会社利益貢献額（営業利益）」でなければならないことに注意が必要である。

　これは一見矛盾しているように思われるが，部門長が管理可能であろうとなかろうと，この「会社利益貢献額（営業利益）」の高低が会社の営業利益の増減に直接影響を与えるのであり，部門長はこのレベルで良し悪しを考える意識を持ち改善すべき課題を検討してもらう必要がある。

　このため，場合によっては他部門や経営者に改善案を提案しなければならず，高い交渉力や調整力を必要とするが，これは部門長が経営幹部になるための素養を身につける絶好の機会だといえる。

　そのほか注意したいのは，経営者や特定の経営幹部が新規事業など，積極的に押し進める部門があると，彼らの主張に基づき，その特定部門に有利な配分ルールをつくることがある。これは絶対に避けなければならない。なぜなら，あくまでも客観的な経営の視点に沿って，真の部門ごとの採算性を明らかにする業績指標をつくることが重要なのであり，特定の事情により一部門の採算の実態を歪めると他の部門にも影響が及び，ひいては経営上の重要な意思決定を誤ってしまう可能性があるからである。

　また，事業への投下資金が大きく，借入金が多い会社では，当該事業や部門に投下された資金の実態により借入金の金利を事業別，部門別に配分し，営業利益のみならず経常利益ベースでも事業の採算性を検討できるよう，業績指標及びマネジメントレポートのフォームを工夫するのも重要なことである。

5．部門別業績検討会議を行う

　マネジメントレポートが導入され，月次の部門別業績が把握された段階
で部門別業績検討会議を開催する。

　飲食業であれば店舗別業績検討会議，多角的に事業を行っている会社で
あれば事業別業績検討会議，拠点が多い会社であれば支店別拠点別業績検
討会議などと呼ばれ，その名称はさまざまであるが検討の中心はいずれも
部門別の利益である。

　部門別業績検討会議のポイントは，以下の2点である。

■各部門長が前月の部門別業績の変動に関する原因を十分に分析し，適切
　な対策を立案し，レポートに記載するよう指導すること。
■各部門長が前月に発表した対策の実施状況や結果について，出席者全員
　がフォローを十分に行い，コミュニケーションをとること。

　会議のテーマはいうまでもなく，部門別業績の向上であり，特に利益の
改善である。

　会議を半年ほど続けると，マネジメントレポートの記載内容もパターン
化し，会議自体もマンネリ化することが多いため，会議の出席者，特に経
営者は，部門の営業活動や利益を上げるための活動が通り一遍とならない
よう，各部門の活動に注意を払いつつ多様性のある対策を立案させるよう
に指導し，Plan，Do，Seeの管理サイクルを回し続けながら会議内容のレ
ベルアップを図っていくことが必要である。

　このため，あらかじめ下記のような会議の運営ルールを定めておき，
粛々とそれに沿って会議を進めていくことが重要なのは他の会議と同様で
ある。

実践編

―部門別業績検討会議の進め方―

① 当月の部門別業績の報告（経理部門）

　　各部門の売上，粗利益，販管費，貢献利益，営業利益などの主要業績ファクターの当月実績，目標値または過年度実績値との比較を行い報告する。

② 当月の部門別業績の分析と問題点の指摘（経理部門）

　　上記の主要項目の増減理由について，解決すべき短期と長期の問題点を洗い出し発表する。

③ 当月の部門別業績の分析結果に対する追加指摘事項をコメント（社長，幹部）

　　②の指摘事項に対する改善指針などを説明する。

④ 業績変動要因と対策の説明（各部門）

　　各部門長より業績増減に関する原因の説明，実施した対策，実施予定の対策をより詳しく具体的に説明する。

⑤ 上記の対策についての回答

　　会議出席者から原因や対策実施の不明点や疑問点を提起してもらい，業績上の問題点の理解や協力を深めてもらう。

⑥ 社長，幹部からのコメントと指示

　　社長や幹部からの業績向上への取組み，姿勢への説明や対策の不足点や補足点の指示を説明してもらう。

⑦ 翌月実施事項の確認

　　議長が翌月に実施すべき事項として会議で決定された事項を確認し，議事録に残す。

6．部門長の責任と権限を明らかにする

部門別損益管理を導入し，各部門長の利益責任や経営責任を明確化する

と，部門長の権限を明らかにし，責任に見合った権限を委譲してほしいという各部門長からの要望が出始める。Column 8で紹介するパナソニックグループの事例では，自主責任経営体制を作るため，部門長に経営の権限を与えている。

　一般的に，中堅中小企業では経営者に権限が集中していることが多く，部門長への権限委譲の範囲は狭く，些細なことでも経営者にお伺いを立てる傾向がある。このため，部門別損益管理制度により利益責任や経営責任を明らかにすると「われわれ部門長は千円の飲食代ですら，社長の承認が必要なんだ。何の権限も与えられていないのに重い責任だけを与えられても果たしようがないではないか」といった不満が出てくる。

　経験と知識に優れた経営者から見れば，部門長は経験不足で知識も不十分に思えるのは当然であり，権限付与にためらいがあるのも当然である。しかし，部門長に権限を与え経験を積ませなければ，人材はいつまでたっても育たないのである。

　部門別損益管理の導入により，部門長が自主的，積極的に部門経営に取り組むようになるには，権限を付与し，部門経営に自分の創造性を取り入れさせる必要がある。そうして初めて良い結果も悪い結果も自分の責任，自らの手で問題の改善に取り組もうという意識が部門長に芽生えるのである。

　この意識がすべての部門長に浸透すると部門別損益管理制度は半分以上成功したようなものであり，各部門長は責任を果たすことが苦痛ではなく，むしろ経営の醍醐味という意識に変わるのである。経営者の指示どおり動いているだけでは，こうした人材が育たないことを経営者は自覚し，権限付与に向けた方向転換も考えなければならない。

　また，職務権限を明らかにし，各部門長に権限を付与するときには，職務分掌規程を作ることがマネジメント組織を強化するうえで重要であることもふれておきたい。

実践編

　職務分掌規程というと，大企業でも他社の事例を模倣したものが多く，度重なる組織変更などにより条文が形骸化しているケースも多々見られる。職務分掌規程の作成は，いきなり他社の事例をまねるのではなく，まず部門長に自部門の業務の洗い出しを行わせ，経営上の重要性に応じたランクづけを行い，それぞれのランクの業務にふさわしい権限者を設定する。そうした原案から作成することが望ましいやり方である。

　これにより，各部門長は自分たちが行うべき業務を再認識し，業務の重要性を勘案しながら，それぞれの業務内容改善が業績向上につながることを具体的にイメージできるようになる。したがって，職務分掌規程作成の意味は大きいのである。

―職務分掌規程の章立ての例―

第1章　総則
　規程の目的，規程の管理責任者，規程の改廃等について定める。
第2章　職務分掌
　各部門の業務を部課別に具体的に定める。別表形式でもよい。
附則
　施行日，改訂日，特則等について定める。

　通常，管理職の仕事を見ていると，伝票確認や日々の営業活動といった，日常業務の割合が多く，業務改善的発想が要求される企画や経営計画業務にかける時間が圧倒的に少ないことに気づかされる。日常業務が優先され，本来経営者が期待している企画や経営計画業務が後回しにされているのである。これは管理職の陥りやすい落とし穴であり，「日常業務が企画業務を排除する」といって，常に経営者が警告を発し続けなければならない事項である。

　このような落とし穴に陥る理由としては，そもそも企画や経営計画業務には幅広い知識力や情報収集力が求められるため，知識の吸収や情報の収

集に日々の研鑽が必要であること，他部門との折衝や共同作業が求められ
ることから，その能力とリーダーシップ力を持ち合わせていない管理職に
とってはかなりの苦痛であることなどがあげられる。

　しかし，管理職の役割のうち最も重要なのは企画や経営計画業務であ
り，Plan，Do，Seeの一連の流れをみても，最初にあるのはPlan＝計画な
のである。企画・経営計画業務により，経営のあるべき方向性，部門の業
務のあるべき方向性を常に考え，自らが業務改善を提案・実行し，必要に
応じてトップに全社的な問題を提言することにより，経営者的感覚を持っ
た管理職が育っていくのである。中堅中小企業で管理職が育たないと嘆く
経営者は，ぜひ管理職に対する企画・経営計画業務への期待を強め，実践
させてはどうだろうか。

　ここで，経営に対する問題意識が高く，積極性のある管理職は企画・経
営計画業務に意欲をもって取り組むであろうが，そうでない管理職に対し
てぜひお勧めしたいのが，先述した職務分掌での業務ランク分けである。

　具体的には，職務分掌規程を作成するために洗い出した，各部門の業務
項目をABCにランク分けし，マネジメント上，最も重要である項目をA
ランク，次に重要な項目をBランクとするのである。この作業をする中で，
問題意識の少ない管理職は，自部門の各業務を主観的及び客観的にとらえ
ることになる。すなわち，Aランクと考えている業務が他部門から見ると
Cランクだったり，自分はCランクだと考えていた業務が経営者から見れ
ばAランクだったりすることが自覚できるのである（図表Ⅷ－4参照）。

　特に経理部や総務部など管理部門の職務分掌は，ABCのランクづけと
同時に実際の業務ウェイト比率を算定することが望ましい。両者を比較し，
自部門の業務がルーチン業務（Cランクであることが多い）に終始し，企
画業務や経営者への提言業務が少なくなっていれば，マネジメント上の業
務価値の定期的な検討に使え，管理部門が効果的な業務を行っているかど
うかの点検ができる。

実践編

163

　この作業は，管理職に期待されている業務の重要性を本人に意識させ，その能力を向上させるため，また業績管理の強化に伴う業務改善を進めるためにも重要な作業である。

　なお，ABC分類の仕方だが，会社の戦略的意思決定に係る業務がA，戦術的意思決定に係る業務がB，現場の業務的意思決定に係る業務がCとする区分方法があり，それらも考慮してランクづけを行う必要がある（図表Ⅷ－4を参照）。

図表Ⅷ－4　業務分掌と業務ランクづけ（例）

（経理部）	重要度ランク
・中長期経営計画の立案と管理	A
・予算編成方針の立案	A
・経理，財務業務効率化の立案	A
・予算の実行管理（予実比較と分析）	B
・年次決算の業務	B
・月次決算の業務	B
・資金の調達と運用	B
・金銭の出納，有価証券類の保管	C
・会社印，社長印の保管	C
・法人税，地方税の計算，納付	B
・内部監査	B
・関係会社の管理（経理書類の徴収と検討）	C
・原価計算業務	B
（注）企画，創造力が高い業務→Aランク 　　　法令遵守業務，業績測定，報告義務→Bランク 　　　マニュアル等での事務作業業務→Cランク 　　　※ただし，重要なコスト削減や収益改善，アウトプットの付加価値アップのための作業を伴ったものは，BランクであってもAランクに属する。	

7．管理コストの適正水準を検証する

　もう1つ，必ず部門別業績検討会議のテーマにあがるのが，本社費，すなわち会社の管理部門コストの適正水準の問題である。これは本社費配賦額が部門貢献利益からの控除項目であり，最終的な部門別の営業利益を大きく左右する要因となるからである。

　営業部門や生産部門からみると，直接部門の人員数に比較して，利益に直接貢献しない間接部門のスタッフや管理職の数が多すぎないかという疑問は常にもっているものの，業績が右肩上がりの局面では問題にすることもない。

　しかし，いったん業績が悪化すると，少ない部門利益をさらに圧迫させる本社費がクローズアップされ，管理コストの適正化による本社費の削減が業績向上の最優先課題として叫ばれるのである。

　それでは，適正な管理コストとは具体的にどのような水準を意味するのであろうか。この疑問を解決するには，まず間接人員の範囲を明確にしなければならない。

　広義にとらえると，間接人員は営業支援や生産管理のスタッフにも及ぶがここでは本社の経理部，総務部，人事部，企画部など会社全体の管理業務にかかわっている社員を間接人員とし，それ以外の社員を直接人員と呼ぶことにする。

　これら直接人員に対する間接人員の割合を直間比率というが 会社の規模，組織形態，業種，業態により直間比率はさまざまであり，すべての会社にとっての理想的な直間比率は決めにくい。

　たとえば未上場で中堅規模企業では，直間比率が5％以内であれば理想的な水準に近いレベルであろう。したがって同規模の会社は悪くても直間比率を10％以下に抑える経営努力が必要である。管理部門の人員過剰は厳

実践編

165

格な部門別業績検討を進めるうえで足かせにもなりかねないので，直間比率の変動には常に注意を払う必要がある。

　一般的にいえることであるが，組織はいったん作るとそれを維持するために内部の論理が優先され，その後の人員削減に大変な手数を伴うことが多い。したがって，最初から間接人員は増やさないことが重要であり，直間比率を一定の水準に抑えるように方針を設定することが望ましい。

　とはいえ，すでに間接人員が過剰な状況では，どうすればいいだろうか。繰り返しになるが職務分掌と業務ランクづけをできるだけ細部にわたり作成し，その分掌ごとの業務時間を精査し，これに各人の賃率を乗じることで業務別の人件費を算出してみる。その業務ランクと人件費を比較し，重要性の低い業務にかけている人件費が多ければ思い切ってその業務を削減することである。こういったコスト削減アプローチを定期的に行うことは手間と時間がかかるが，管理コストの適正水準を維持するためには重要な作業である。

8．業務改善方法を教える

　部門別業績検討会議が充実してくると，各部門とも業務改善に取り組む必要が生じる。このため，各部門長への改善方法の教育例として，ここでは営業部門の業務改善を一例に説明する。

　営業の業務改善方法の流れは，まず，営業部門内の各業務の目的を明確にし，それぞれの目的を達成するための管理ポイントを把握する。次にそのポイントに基づく管理資料が作成されているかどうかを確認しながら，目的を達成していく。

　管理ポイントというと難しく聞こえるかもしれないが，要するに，会社に機会損失を発生させないためのリスク防止に係る業務ポイントであり，業務改善のために必ず把握しておかなければならない重要なチェックポイ

ントである。

　たとえば営業部門の業務に債権管理があるが，この管理ポイントは，滞留債権の防止や回収条件どおりの入金確認であり，これに関連する管理資料は滞留債権の一覧表や入金遅延リストの作成などである。また，債権管理業務の一環で，客先の倒産リスク防止も管理ポイントとしてあげられ，管理資料は信用限度枠の資料などである（図表Ⅷ－5参照）。

図表Ⅷ－5　業務と管理ポイントとの関連性（例）

主要業務名	管理資料名	業務目的 （管理ポイント）	管理指標
（営業部門）			
・債権管理	・滞留債権一覧表	債権の早期回収	・滞留期間××か月以上の顧客件数と金額
	・入金遅延リスト	債権の早期回収	・入金遅延取引件数と金額
	・信用限度（与信）一覧表	倒産リスク防止	・与信限度超顧客件数と金額
（購買部門）			
・在庫管理	・適正在庫一覧表	適正在庫の把握	・在庫維持月数××日以上の品目数と金額
	・在庫欠品一覧表	在庫切れ防止	・受注時欠品の品目数と金額
・外注管理	・外注先，仕入先，財政状態資料	経営リスクの把握	・借入依存度××％以上，自己資本比率××％以下の仕入先名，仕入依存度
	・納期遅延仕入先リスト	購入品の遅延防止	・仕入先別，遅延件数と金額

実践編

　購買部門では，在庫管理業務の管理ポイントに在庫切れ防止や適正在庫の把握があげられ，外注・仕入業務の管理ポイントでは，仕入先の経営リスクの把握，生産管理レベルの把握，購入品の品質や価格の妥当性の把握などがあげられる。

　いずれの部門においても，残業が多い，ムダな業務が多いなどの理由により業務改善が必要であると思われる場合，まずは職務分掌規程で明らかにした各部門の業務ごとに，業務内容，管理ポイント及び管理ポイントをチェックする資料を明らかにする。そして過不足のない資料に基づいて，適切な意思決定やアクションがなされているかをみればよいのである。

　これを実施してみると，業務は行われているがその管理ポイントが明らかでなかったり，管理ポイントに対する管理資料が不十分だったりすることが判明し，管理ポイントのない業務はその改廃を検討することになる。逆に重要な管理ポイントに対して資料がなければ，管理資料の充実や管理業務の強化を検討することになる。

　上場企業では，最近の開示強化やコンプライアンスにより内部統制（≒内部管理プロセス）を重視する傾向にあり，財務報告の信頼性につながる内部統制業務のチェックは，大小問わず，すべての上場会社で行われている。

　しかし，上場企業で法令上規制されている内部統制は財務報告に関連する業務に限定されており，かつ，財務報告の信頼性という視点からの業務の必要性，有効性を追求するものである（図表Ⅷ－6参照）。

　したがって，たとえ上場企業でも，上述した業務改善のアプローチをとることには意味があり，その効果も十分期待できる。

　一方，中堅中小企業特有の問題として人材不足があり，いざ業務改善を行おうとしても，専門的な業務知識を有する管理職が少なく，本来どのような業務活動が必要であり，どのように管理ポイントを把握すべきかを理解していないため，思うように進まないことがある。

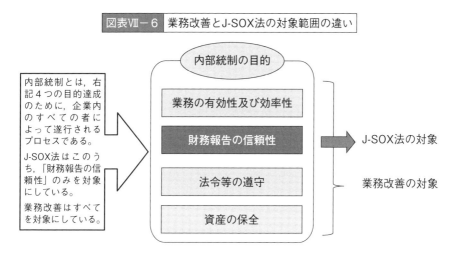

図表Ⅷ－6　業務改善とJ-SOX法の対象範囲の違い

内部統制の目的

内部統制とは，右記4つの目的達成のために，企業内のすべての者によって遂行されるプロセスである。

J-SOX法はこのうち，「財務報告の信頼性」のみを対象にしている。

業務改善はすべてを対象にしている。

業務の有効性及び効率性

財務報告の信頼性

法令等の遵守

資産の保全

J-SOX法の対象

業務改善の対象

　この場合は，営業管理や生産管理に関する外部研修を積極的に受けさせ，あるべき業務知識を習得してもらうことが先決である。これにより，自部門に必要な業務や管理ポイントをとらえやすくなり，そこに自らの経験が加味されるため，業務改善能力が格段に向上するのである。

　いずれにせよ，業務目的を明確にし，それぞれの目的を達成するための管理ポイントを把握し，そのポイントに基づいて管理資料や業務の必要性を検討することは，コストダウンや収益改善のために不可欠な技術であり，各部門長に十分な教育を行い，社内全体の業務の質を高めていく必要がある。

9．営業活動分析を行う

　製造業以外の会社にとって，組織上，最大の人員を占めるのは営業組織である。したがって，営業部門の活動分析を行うことは，収益拡大に不可欠のみならず，人件費や経費節減にもつながる重要項目である。

　一般の会社に「あなたの会社では，営業部隊の活動が効率的，効果的に

実践編

行われていることを，どのようにチェックしていますか？」と尋ねると，営業マンに日報や週報を書かせ，上司がレビューしているという答えが大半を占める。

　では，営業マンの行動記録を毎月または毎週集計し，行動パターンを把握して，営業時間が効果的，効率的に活用されているかを十分に分析している会社はどのくらいあるだろうか。これにイエスと答えられる会社は少ないであろう。

　営業マンにとって最も重要な時間は顧客との商談時間であり，これをいかに多く確保するかが，営業マンの効率性をみるうえで重要な指標となる。商談時間が短く，社内の会議や事務処理に多くの時間を費やすようでは，新規顧客の開拓や既存顧客の深耕など，次々と営業に課されるテーマに適切に対処することはできないだろう。

　また，営業効率性をチェックする指標として，「商談成約件数＝訪問件数×成約率」の方程式がある。これは「商談成約件数＝訪問件数×商談比率×成約率」に展開することもでき，この場合の商談比率とは，訪問件数のうち具体的な商談を行っている件数の比率であり，成約率とは商談件数のうち成約した件数の比率となる。

　訪問件数は訪問時間に比例して増加する件数であり，商談比率や成約率は営業スキルの改善によって効果の上がる数値である。したがって，まず訪問時間をいかに増やし，訪問件数を確保するかが売上アップのポイントとなる。

　営業マンの行動時間のうち訪問時間の占める割合は60％くらいといわれているため，日報を集計し，その比率が低ければ，業務や会議の効率化を検討してみてはいかがだろうか。

　商談比率や成約率については，営業スキルの改善が必要であり，その方法は，次項や次章を参考にしてほしい。

10.　営業スキルを明確化する

　売上増加に対する営業マンの能力は，前節の方程式でもわかるとおり，重要な要素である。しかし，これがわが社の営業マン育成法であるといえるような体系的，計画的なツールやノウハウがある会社は，どれほどであろう。

　見よう見まねでベテラン営業マンのノウハウを収集し，研修会で彼らの経験談を語ってもらい，成行き的に営業マンを育成しているのが実態ではなかろうか。

　営業マンの能力育成をテーマにする場合，まず営業マンのスキルを次のように区分して，そのスキルを伸ばすためにOJTや上司の現場実践指導が必要か，経営幹部会議などで明確にする必要がある。

図表Ⅷ－7　営業マンの主要スキル

行動力	計画を実行に移す力とスピード，スケジュールの管理能力
交渉力	クレーム解消や成約のためのねばり強さ
提案力	顧客ニーズに基づく企画力のある提案能力
計画力	成約につなげる顧客への商談ステップの計画力
管理力	自己の行動を反省し，自己啓発でスキルアップをする力 自己時間の効率的な管理能力
人脈，ネットワーク力	業務や顧客の情報収集のネットワークの広さ，人脈の広さ
商品知識力	商品説明や顧客提案等に必要な商品の幅広い知識の蓄積と理解

　このスキルの具体的な内容は，それぞれの会社のベテラン営業マンの能力とスキルをヒアリングして，定めなければならない。また，それぞれのスキルの具体的な内容を初級，中級，上級の3ランクに分けて，段階的に

実践編

育成することも重要なポイントである。

　また，現在の営業マンを1人ひとり再評価し，各人のスキルの棚卸しにより，スキル別の人材，人数を再認識する。それらを会社のあるべきセールス活動に割り当てて，人数またはスキルが不足しているかなどを，明らかにすることも重要である。

　前章でもふれたトヨタの生産性向上策では，職場別にそこで要求される能力について星取表という人材能力棚卸表を作り，能力の見える化，標準化によって人材育成をしている。

　このような手法で，それぞれの職種に要求されるスキルを明らかにし，各人の能力把握，育成法をステップ化して，計画的・体系的にすることにより，部門別損益向上のための業務改善を行う人材育成がなされるようになる。

11. 部門別損益改善の具体的な施策の例示

　最後にこれまで説明した項目を入れた，部門損益改善のための主要施策の例を挙げるので参考にしていただきたい。ただし，これらの施策の立案には，正しい部門損益の測定が行われ，それについて正しい分析と原因把握の検討がされていることが前提である。また，同業他社との業績比較を行い，その格差を明確化し全社的な格差解消策を明確化しておくことも必要である。

　なお，このような部門損益改善の手法を，第Ⅳ章で導入を推奨している業績管理マニュアルにぜひ含めていただき，会社の収益改善アプローチを標準化，明文化していただきたい。これについては粗利益の改善手法も同様である。

―部門別損益改善の具体的施策例―

■売上格差

　顧客のポートフォリオ分析（収益性，成長性，売上安定性）により顧客格差を明確化し，営業力強化により格差を解消する。このためには営業ノウハウの明確化や共有化，営業活動の効率化，標準化が必要になる。

■粗利益格差

　前章で指摘した粗利益改善の手法を使い格差を解消する。

■人材格差

　人材能力の見える化を実施し，その能力の不足点を解消し，能力の平均化とレベルアップを実施し格差を解消する。

■販管費格差

　販管費の科目別内訳に基づき，コストの有効な使い方やコスト削減手法を標準化，共有化し費用の格差を解消する。

■間接部門のコストが過大

　間接部門の業務の棚卸を行い，付加価値の低い業務を削減し効率化する，あるいは外注化を検討する。また企画，提案業務を拡大し，業務の付加価値を高める。

■運転資金格差

　在庫や売上債権の回転率比較を部門別や顧客別に行い，効率の悪い顧客や在庫の効率化アップの施策を立案，導入する。

実践編

業績管理＆部門別

Column 8

日本初の事業部制
独立採算制の運営ルールから学ぶ

　業績検討や部門別損益の運営，管理ルールづくりの参考にしたいのが，日本で最初に事業部制を導入したパナソニックグループの事例である。一部を抜粋して紹介する。

　この事例は，独立採算的な部門運営にあたっての経営者の考え方や各事業部門や間接部門の運営ルールなど，実務で問題になりやすい事項が多く含まれている。

　会社の業績向上に役立つ部門独立採算運営ルールを，この事例から学んで活かしていただきたい。

　また，このパナソニックの独立採算的部門経営の手法には，第Ⅲ章で説明した経営のPWCを高めるための施策が取り入れられているため，その対応するPWCの区分も入れて要約している。

(1)　**部門経営の狙い**

●働く人の意欲に満ちた職場づくり（**P**）

　部門経営は，1つの部門を自立した1個の経営体として形成することで，形式的な管理偏重の組織を打破し，部門決算を行わせることで，経営への貢献を明らかにし，そこで働く人の意欲を引き出そうとするものである。

●働く人の知恵とアイデアを引き出す職場づくり（**W**）

　部門の経営をまかされ，働いた結果が部門決算によって，経営的に把握される職場では，そこに働く人の意欲だけでなく，知恵とアイデアが

生まれてくる。

● 経営のわかる人づくり **(W)**

　経営学は，教えることも学ぶこともできるが，経営は，教えることも学ぶこともできないと松下幸之助は言っている。部門経営の実施は，職場を経営の道場たらしめるもので，経営のわかる人は，その道場から生まれてくる。

● 迅速で機敏な経営づくり **(C)**

　部門経営は，経営の現場の第一線に，自主経営体を構築するものであり，いわば職場に戦闘指揮所を設け，そこに十分な権限を与え，戦場に迅速な体制づくりを行うものである。

(2)　**部門経営の前提条件**

①　自主責任経営の理念を知る **(P)**

　部門経営とは，経営責任を与えるということではなく，経営権限を与えることである。その主人公は，自分の仕事を誰よりも精通し，誇りを持ち，その仕事を改善する人である。

②　全員参加が可能な部門経営単位を決める **(C)**

　部門経営とは，その部門の長たる人の経営ではなく，全員参加の経営であり，10～20名位の人員が適切な単位である。

● 部門の基本使命を明確にする **(P)**

　経営体であれば，その部門の使命，存在意義をもつべきであり，単なる日常業務のくり返しの中で忘れやすい使命を認識させる必要がある。

● 企業全体の重要課題を部門の具体的テーマにする **(W)**

　企業全体の課題とそれに対する各部門の責任を明確にし，全体課題を部門テーマに翻訳することで，現場で働く人の創意や努力を直接経営に結びつけることができる。

● 全員参加の決算検討会が重要 **(W)**

　全員が参加して，部門業績をふまえて，実績に基づきいろいろな改善

実践編

策やアイデアを出し合い，良い経営の実現を図ることが重要である。そのためには会議で全員が発言できる雰囲気が大切。

③　内部取引のルールを決める（**W**）

　独立採算の損益を明確にするため，間接部門との取引でそのサービス提供の単価のルールを明確にするのが，内部取引制度である。たとえば提供するサービスのうち，単価が決められるものは，全て公正な単価を定め，受益部門から代金をもらうべき。特に総務，庶務，人事は，事務代行サービスの集まりである。

●間接部門費はできるだけ配賦する

　企画，経理，技術，品質管理は，サービス収入を設定しづらいため，間接部門費としてサービス提供部門への費用の配賦が必要であるが，独立採算可能な部課は，できるだけ間接部門化しないことがポイントである。

●内部金利レートを定める

　運転資金のコスト意識をつけさせるため，社内金利レートを適切に決め，在庫や固定資産の保有高に応じて，各部門へ金利を配賦すること。

●固定費の配賦も必ず行う

　自分の部課のコストの正しい把握と部課の損益分岐点の理解，固定費削減のアイデアづくりのため，固定費は必ず配賦すべきである。

④　間接部門にも仕事に妥当な予算を与える（**W**）

　部門経営の主旨を考えれば，収入をえられない間接部門費でも，各部門がアウトプットするサービスからみて，妥当なコストかを検討するため，部門予算をつくり，できるだけコスト効率の良いサービスの提供を考えさせることは，当然である。

●間接部門の部門経営の方法（**P**）

　部門経営の狙いからみて，間接部門の使命にふさわしいインプットとなるコストで，アウトプットとなるサービスを行っているかどうかを検討することがポイントである。なお，その本来の機能アップが優先であ

りコストダウンはその次に考えること。また，間接部門の使命には次のものがある。人事－人材育成と人材のモラールアップ，経理－決算のスピードアップ，決算の正確性とトップへの提言，各部門への適切な意思決定資料の提供など。

(3)　部門経営における上級者の責任と権限（C）

　部門経営の狙いは，全員参加のできる組織単位に，できるだけ大きな権限を与えることによって，現場の創意工夫を生かした自主責任経営体制をつくり上げることである。それを実現するためには，上級管理職に次のような責任がある。

- 部下の部門経営を成功させる責任
- 部門間の調整
- 部門の活力を引き出す目標の設定
- 経営の弱点の発見とその補強

(4)　部門経営の成功ポイント（W）

- 業績評価は，部門間の成績比較より同一部門の時系列比較による評価を行う。
- 評価基準は一定期間変えない。
- 全員にわかる決算書をつくる。
- できるところから実施し，成功例をつくる。
- 仲間から学び仲間に教える。

実践編

177

コンサルティングの現場から〜
【その4　部門別業績の測定と向上】

　管理職に業績向上意識とその積極性が出てきたところで，部門別の業績改善に着手した。

　これまで本社人件費や経費，金利負担は会社全体の損益計算で一括控除しており，店舗別への配賦は行っていなかった。本来は，会社全体に係るこれらの費用を各店舗にも負担させて収益力を把握する。その意味で部門別損益といっても，現状の店舗別収益力には不明確さが残り，全体費用を含めたところでの店長の業績向上意識はなかったといってよい。特に金利の負担は，金額的に店舗業績への影響が大きく，経営者の過去の投資責任である費用を配賦することには，店長を含め皆が消極的であった。

　このため説得には時間を要したが，改善策を模索した結果，金利配賦は店舗や事業の資産投資額に比例させることになった。開店から年月を経た古い店舗はすでに投資額の回収は終わっており，金利を負担させるべきではないとの主張があったが同店舗でも償却未了の設備があるので，それらの簿価を考慮することとした。

　本社人件費や経費は，店舗や各事業の人件費をもとに配賦を行うことにした。これも議論があるところだが，人件費の効率的な活用を進めるためには効果的な配賦方法であることを説明し了解を得た。

　本社費と金利を配賦してみると，収益力が高いとみられていた店舗も当然のことながら収益力は低下し，低収益に甘んじていた店舗は赤字に転落した。

　この部門別の業績測定により効率化，低減化すべき対象は人件費であると判断し，店舗ごとにパート・アルバイトのより厳格なシフト管理を導入，人件費低減化を目指した。

　またこの頃より，経費削減の改善策だけでは限界があるため，店舗別販促方法，集客方法の見直しを行うことにした。

　各店長は他店の運営方法については，当然口出しをしにくい。ゆえに販促策は各店長任せの風潮があったが，これを見直して季節ごとの集客企画や販促方法の標準化，共有化に取り組んだ。

　また店舗ごとの飲食メニューについてポートフォリオ分析を行い，人気のない，または売上寄与の少ないメニューは改善し，メニュー開発を積極化することにした。

　これらの施策を打つことにより部門別業績管理が徹底された頃には，各店舗の収益力が売上の5％近くまで改善することになった。

　こうした地道な取組みを続け，部門業績の明確化，部門長への責任負荷，業績向上ミーティングへのスタッフ参加など，制度化した結果からは業績向上という答えがみえてきはじめた。

　するとこの頃PWCに変化がみられるようになった。業績への関心度，情熱（P）はスタッフまで広がりをみせ，業績向上への一体感，求心力（C）は組織上さらに広範囲になり，業績管理の知恵（W）の発揮対象も部門経営の業績にまで射程範囲を広げるようになったのである。（第Ⅸ章末につづく）

第IX章

予算管理制度の整備

1. 整備のポイント

　予算管理というと，まず，数値目標ありきで，営業目標もノルマ化しやすく，数値偏重になりやすい。

　予算は本来，自社の事業活動の強化や課題を洗い出し，競争力強化に必要な業務改善を検討したうえで，競争力向上が実現した結果の数値となるような目標にしなければならない。

　経営風土を大切にする会社は，ノルマ化するのを嫌い，あえて目標設定はしないということも聞くが，数値偏重の弊害を嫌ってのことであろう。

　単なる数値目標中心のプランでは，それが未達成の場合，競争力の質的改善が実現しないにもかかわらず，根本原因の改善に未着手のままノルマ経営だけが続き，組織に疲弊が生じるからである。こうした数字合わせだけの予算では，業績向上には貢献はできない。

　本章では，予算管理に対するルールづくりや検証会議の進め方はもちろんのこと，予算上必要な収益改善余地を検討する体系的収益改善アプローチ手法，新規開拓営業に必要な顧客開拓の標準化手法，先行した開拓営業を進めるための業績先行指標の整備，予算設定時の投資意思決定指標の整備，さらには，社員の業績貢献意欲を高めるための成果配分の導入など，本格的な収益改善のための各種技法を説明している。

　最終項では，会議の効率化手法も解説している。これはここまで業績管理整備が進むと会議の種類や回数が増えてくるため，その削減や効率化を検討するための技法として解説している。

　予算管理整備の実践解説の前に，予算管理に関する実務上の問題点を次に掲げる。

—予算管理に関する実務上の問題点—

- 単なる数値シミュレーションに終わっている。
- 科目別の費用の積上げ方法の検討が不十分である。
- 特に経費において，クッション（余裕枠）の金額が多く，抜け穴だらけの予算になっている。
- 売上と粗利益の予算のみ営業部門が編成しており，人件費や経費を含めたトータルな予算編成が行われていない。
- ゼロベースで予算編成せず，前年度の費用をベース（既得権）とした予算を編成している。
- 予算達成のための実行計画や行動計画があいまいで，施策が抽象的なため，フォロー作業（予実分析による実績の評価）ができない。
- 予算をつくりっ放しでフォロー作業が十分行われていない（予実分析表が作成されても，各部門がフォロー作業を行っていない場合はこれに含まれる）。
- 経営者や部門長の掛け声だけで利益を増やした売上偏重予算となっており，売上と人件費，経費予算がアンバランスになっている。
- 方針，施策を多く盛り込みすぎて，達成不可能な実行計画になっている
- 予算編成時の現状分析が不十分で，対策の有効性が疑わしい。
- 各部門で編成された予算のレビュー（チェック）が不十分のため，数値と施策のつながりがない。
- 予算編成のプロセスが明文化されておらず，プロセスとポイントが明らかでない。
- 経理部門ですべての予算を編成しており，営業部門の予算に対する理解が乏しい。
- 予算の編成時に，収益改善策について十分検討を行っていない。
- 別に計上すべき戦略費用を明確にせず，戦略費用まで経費削減の対象としてしまう。

実践編

　これをみてわかるように，問題点の大半は，予算＝ノルマであると考え，数値目標を達成することが唯一の目的であると誤解してしまった結果，生じているものである。

　予算管理が「利益向上のため各部門が実行すべき経営活動を数値面から検証するコントロール手法」であることを忘れて，手段が目的化していることに起因しているのだ。

　このような問題を起こさないためにも，本章の制度整備に基づいて業績管理の強化を行っていただきたい。

２．予算編成のルールをつくる

　中堅中小企業では，予算編成が明文化，ルール化されていないのが実情であるが，予算管理のレベルアップを行ううえでルールづくりは不可欠である。予算編成のルール化に向け留意すべきポイントは，次のような点である。

(1)　予算編成の原則

　一般的に，予算編成は売上高予算に始まり，当該予算に対応した売上原価予算及び販管費予算を策定し，これと並行して部課別予算の編成を行うことになる。

　売上原価予算は仕入（製造費）予算と在庫予算に大別して策定する。販管費予算は人件費及び経費予算に大別され，それぞれを科目別，さらには支出項目別に細分化して策定する（図表Ⅸ─１参照）。

　売上高予算や売上原価予算については，これまでに整備した原価管理制度や部門別損益管理制度において決定した，月次実績管理のベースとなる区分（顧客別，製商品別，店舗別など）に合わせて積上げ計算を行う。

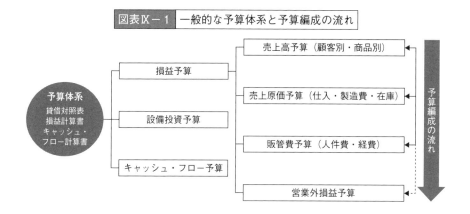

図表Ⅸ−1　一般的な予算体系と予算編成の流れ

予算体系
貸借対照表
損益計算書
キャッシュ・
フロー計算書

損益予算

設備投資予算

キャッシュ・フロー予算

売上高予算（顧客別・商品別）

売上原価予算（仕入・製造費・在庫）

販管費予算（人件費・経費）

営業外損益予算

予算編成の流れ

　経費予算については，勘定科目別だけでなく支出項目別に積上げ計算を行っていないと，支出された経費が予算に組み込まれていたものか否かが判然とせず，実際の予算コントロールが難しくなるため，できる限り経費予算は支出項目別まで細分化して策定することが望ましい。

　なお，勘定科目別の予算体系を作っていない場合は，その科目分野の合理性の検証が不十分となるため，業務改善余地があると考えるべきである。

(2)　最初に成行き予算をつくる

　予算編成において行うべきことは，最初から目標とする予算を設定せず，まず成行き予算を作成することである。

　成行き予算とは，大きな内外環境の変化がなければ来期に達成可能性が高い業績予測値のことである。この成行き予算の作成を最初に行わず，いきなり目標数値の設定に入ると，10％や20％といった目標数値だけが一人歩きし，新たな経営活動やその成果目標が何であるか明確にできないまま予算が決定されてしまう。

　そうすると，予算と実績の差額は目標値自体の設定誤りによるものなのか，各部門の努力不足によるものなのかがわからず，結果としてあまり意

実践編

味のない予算となり，マンネリ化しやすいのである。

　また，成行き予算自体は従来実績の延長値であり，実際の予算はこれに
プラスアルファが要求されるため，各部門が安易に成行き予算を最終予算
として提出することを防止する意味でも効果のある手法である。

(3)　目標利益は高い数値を考える

　経営者からのプレッシャーを受けるなどにより，予算を必達目標である
と考え，達成可能性ばかりを気にするようになると，各部門とも悲観的，
消極的な予算になりやすい。すなわち，売上を前年比数％アップするとと
もに，同率のコストアップを見込んだだけの形だけを整えた予算である。

　先述したように，成行き予算から目標設定に至る過程でどのようなマー
ケティング活動や経営施策を実施するかを社内で討議し，目標を共有し，
各人が目標に向かってベクトルを合わせ日々の活動に邁進していくのが，
予算の最も大事な機能である。

　こうした制度が整ったうえで，討議の結果，仮に前年度比数％アップの
予算になったとしても，それは単なる悲観的な予算ではなく，皆が納得し
た客観的視点により設定された目標予算なのである。

　悲観的な予算を廃し，目標とすべき客観的な予算を編成するためには，
まず，以下のような点を考慮しなければならない。

■会社が財務体質上達成しなければならない利益はいくら必要なのか？
■借入返済予定額をキャッシュ・フロー上確保するには，キャッシュ流入
　はいくら必要か？
■会社が経営上のリスクに耐えるには，適正な利益水準はどの程度必要
　か？
■同業他社並みに利益を確保するには，どの程度利益を確保しなければな
　らないか？

　これらの視点を総合的に勘案し，あるべき利益水準を協議し，そこに向かう高い目標利益の設定を行うべきである。また，さまざまな利益水準を具体的に目標にすることで，これまで経営参画意識の低かった経営幹部や管理職が，目標と現実とのギャップを目の当たりにし，経営改善の緊急性や必要性を痛感するといったメリットも得られることを付言しておく。

(4) 予算はトップダウンとボトムアップの調整でつくる

　予算は，人材育成という側面から考えると，各部課からの自主申告に基づいてこれをそのまま集計し，部門別予算として組み立てて編成するのが本来の姿である。

　しかし，これではそれぞれの部課の利害のみに基づいた予算が編成されることになり，部門全体，会社全体の方針や目標が予算に反映されなくなってしまう。

　まずは経営者が会社全体としての予算編成方針や目標を策定し，各部課から積み上げられた予算をこの方針や目標と比較する。そしてギャップを調整しながら最終的な予算をつくり上げるのが，一般的な予算編成プロセスである（図表IX―2参照）。

　このプロセスや調整段階での話し合いが不十分な場合，目標設定が低くなったり，逆に達成不可能なレベルの高い目標になったりするので，注意が必要である。このあたりのバランスのとり方は，達成可能な数値より若干高めにし，努力すれば達成できるという意欲のわく目標設定が最適であると考える。

実践編

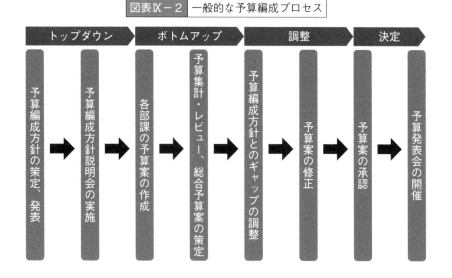

図表IX-2　一般的な予算編成プロセス

| トップダウン | ボトムアップ | 調整 | 決定 |

予算編成方針の策定、発表 → 予算編成方針説明会の実施 → 各部課の予算案の作成 → 予算集計・レビュー、総合予算案の策定 → 予算編成方針とのギャップの調整 → 予算案の修正 → 予算案の承認 → 予算発表会の開催

(5)　方針と施策を明確にする

　予算は単なる数値予測やシミュレーションではなく，各種の経営活動の方針と施策を明らかにした結果の数値目標としてまとめ上げられたものである。したがって，数値ばかりが先行し，やるべき経営改善の活動が見えない予算では意味がない。

　また，各部課の方針や施策は数値目標と連動していなければならず，両者に不整合があってはならない。数値目標と方針，施策がかけ離れ，その達成が見えてこないものではなく，事業環境の変化をふまえて競争力強化の方策等が真剣に熟考されたものでなければならない。去年の予算書を見ながら毎年同じ方針や施策を採用していては，何も進歩しないのだ。

　実効性のある予算を策定するには，後述する競争力強化の検討等に十分時間をかけられるよう，編成スケジュールを立案することが重要である。

　そのほか，施策立案では，留意点が2点ある。

　1つは予材管理を行うことである。たとえば売上予算の作成プロセスで，達成材料となる受注可能性が高い案件の顧客情報が十分ないと，それは予算ではなく予測になってしまうということだ。達成可能性の高い売上予算にするためには，精度の高い見込み情報が豊富にあることが条件である。こういった予材（情報）管理の整備が必要になる。

　もう1つは行動量と質の改善がないと現状を上回る予算の設定は難しいという点である。したがってたとえば売上アップの予算は，その行動量アップの計画が必要になるし，行動の質の改善には提案力の向上など，営業マンの能力アップや顧客開拓プラン（6節を参照）が必要になる。

　このように予材管理や質と量の改善を取り入れた行動計画を，予算達成の施策として売上予算に織り込んでいただきたい。

(6)　厳しいレビューとフォローを必ず入れる

　予算編成において，管理職から申告された予算をそのまま受け入れた後，トップダウンによる調整を行ったとしても，管理職の利益目標を達成したいという強い意識によって，売上や経費科目の中にクッション（余裕枠）が残ってしまう場合が多い。

　また，予算編成スケジュールに余裕がないと，管理職の策定した方針や施策が十分に検討されず，結果，中途半端な予算が確定予算として承認されることになってしまう。

　こういった事態を防ぐには，各部課の作成した予算に対して，経営者のスタッフである企画部門でレビューを実施し，不十分な予算が承認されないようチェックすることが必要である。中堅中小企業では，企画部門が存在しない会社も多いが，その場合は視野を広くもった経理部門や管理部門の長がこの機能を担うことになる。

　さらに，予算が承認された後は作成担当者やレビュー担当者が月次実績のフォローや差異（未達成原因）分析を十分に行うことも重要である。

実践編

　予算編成は，スケジュールの制約があるため，どうしても見切り発車的な部分が残ってしまう。このため，数値はもちろんのこと，方針や施策についても毎月実行しながら中身の十分性，実現可能性を吟味し，精度を高めていく必要があり，これらが現実に合わなくなった場合の見直し時期や見直し後のフォローの方法を事前に決めておくべきである。

　これを怠ると，方針や施策に実行不可能なものが含まれたままであったり，予算と実績が大きくかい離したまま下半期を迎え，達成不可能な予実比較を毎月行うようなムダが生じるため，ぜひとも承認された後のフォロー方法を明確にすべきである。

(7)　重要なプロジェクトは実行予算をつくる

　研究開発，M&A，情報システムの開発など重要なプロジェクトは，必ずプロジェクト別の実行予算を作ることも重要である。

　重要プロジェクトは長期的な視点に立った投資であることが多く，設備投資やコストが中心の予算となるが，プロジェクトの進め方によっては費用対効果が大きく変わる。そのため，プロジェクトの段階ごとに達成すべき成果を明確にしたうえで必要な予算を設定するなどし，後で効果測定のできるような工夫を入れたものにすべきである。

　たとえば，情報システムの開発プロジェクトの場合，外部のIT業者やコンサルタントを利用し，彼らの提案書や企画書に沿ってプロジェクトを進めていくことが多いと思われる。

　しかし，この場合でも彼らの作成した開発スケジュールやプロジェクトの見積書をそのまま会社の実行予算とするのではなく，まず会社の判断（企画力，創造力）に基づいたプロジェクト計画を策定し，システム導入後の効果測定の方法を明確にしたうえで，全体スケジュールや目標に従って独自の実行予算を作り，このなかに彼らの提案を取り込むべきである。

(8)　戦略費用を明確にする

　予算を作る際にぜひ行っていただきたいのは，戦略費用の明確化である。

　部門別の損益計算書において，販売費及び一般管理費はまず人件費や経費に区分され，さらに給与手当や福利厚生費，交際費，賃借料といった機能別に区分されるのが一般的であり，予算編成もこの勘定科目に従って行われている。

　これらの勘定科目は主に財務会計に役立つよう設定されているが，支出目的が明確になっていない。そのため，将来の事業拡大を狙って先行投資した戦略費用が不明確になるといった問題が生じてしまう。

　このため，業績が悪化し，経費を一律に削減しなければならないときには，こうした戦略費用も削減対象となり，ますます業績が悪化する事態を招いてしまうおそれがある。

　これを防ぐためには，支出目的を「戦略費用」として通常の費用とは区分して予算化すべきである。戦略費用の具体例は，研究開発や新商品・新業態の開発，海外進出など，競争力強化のための先行投資活動に係る人件費や経費があげられる。

　このように，一般的に見なれた機能別分類による勘定科目の一部に目的別分類である戦略費用を導入することで，現在の費用と将来の売上につながる費用が明確になるため，経営資源の効率的な配分のあり方に関する議論も，より具体的に進むことになる。

(9)　予算編成フォーム上の留意点

①　予算編成のフォーム

　予算編成のフォームは，特別なものを作成する必要はない。なぜなら，前章において部門別損益管理が整備され，月次損益計算書が作成されているはずであるから，これをもとに各部門の損益予算を作成すればよいので

実践編

ある。

　科目別の予算編成方針は，ここまで確認した留意点に基づき方針を策定し，さらに，制度化された月次決算ルール，原価計算ルール及び部門別損益計算ルールに従って，年間及び月次の予算を編成することになる。

②　予算統制のフォーム

　予算統制のフォームについても特に作成する必要はない。なぜなら，前章で作成した「部門別損益管理表」の「計画」欄を「予算」欄に変更すれば，予算統制のフォームになるからである。状況に応じてこの表に，プロジェクト別の実行予算の支出状況や戦略費用の予実比較，後述する先行指標などを加えれば，さらに管理レベルは向上する。

3．予実検討会議の進め方

　予実検討会議の進め方は，前章の部門別業績検討会議の進め方とほぼ同じであり，会議テーマは部門別業績の向上であり，利益の改善である。

　中堅中小企業では予算未達成が長く続いても，「やる気が不足していた」，「環境が悪かった」，「重要顧客からの受注が悪かった」などその場しのぎの理由に終始するなど，諦めが先行しその未達成の原因を真剣に検討することは，ほとんどないのではなかろうか。

　そこでこの予実検討会議でぜひ，導入してほしいのが，次々ページに示すような予算未達成原因の差異分析であり，この分析手法を使って原因を検討し，未達成を解消するための適確な対策を立案していただきたい。

　最初の分析手法は，予算管理のPDSサイクルで，施策が不十分な分野の検討を行うものである。このプロセスには予算管理で陥りやすい問題点が挙げられている。ここに挙げた要因に未達成原因がないか，予算差異の追究に利用していただきたい。

―予実検討会議の進め方―

① 当月の部門別業績の報告（経理部門）

　　各部門の売上，粗利益，販管費，貢献利益，営業利益などの主要業績ファクターの当月実績と予算値との比較を行い報告する。

② 当月の部門別業績の分析と問題点の指摘（経理部門）

　　上記の主要項目の予実差異理由について，解決すべき短期と長期の問題点を洗い出し発表する。

③ 当月の部門別業績の分析結果に対する追加指摘事項をコメント（社長，幹部）

　　②の指摘事項に対する改善指針などを説明する。

④ 業績変動要因と対策の説明（各部門）

　　各部門長より予実差異に関する原因の説明，実施した対策，実施予定の対策をより詳しく具体的に説明する。

⑤ 上記の対策についての回答

　　会議出席者から原因や対策実施の不明点や疑問点を提起してもらい，業績上の問題点の理解や協力を深めてもらう。

⑥ 社長，幹部からのコメントと指示

　　社長や幹部から，業績向上への取組みや対策への不足点，補足点の指示をもらう。

⑦ 翌月実施事項の確認

　　議長が翌月に実施すべき会議で決定された事項を確認し，議事録に残す。

　2つめの分析手法は仕組み，組織，教育の3Sの視点から問題点を探るもので，予算管理上の施策に抜けがなかったか，施策として十分であったかを検討し，予算の未達成原因を探るものである。

　どちらの視点も類似の原因項目が挙げられているので，どちらかを選択

実践編

―予算差異の分析方法　PDSの視点―

■Plan
・予算編成方法が粗く具体化，細分化の不足
・予算上の戦術や施策の検討が不十分
・外部環境の認識や自社の競争力が楽観的で目標値が高い
・分野別，部門別予算のレビュー不足
・予算編成時の外部情報（市場分析，顧客情報など）不足

■Do
・実行上の行動力不足，行動計画の自己管理不足
・行動計画が粗く計画性がない
・予算に対する達成意欲が低い
・営業マンの行動分析不足，営業スキル不足

■See
・予算差異の分析方法がない
・上司の予算作成指導が不十分
・上司の予算フォローが不足
・予算編成時の全体の合理性，整合性の検討が不足

―予算差異の分析方法　３Ｓの視点―

■仕組み（System）
・予算編成時の外部情報不足（顧客情報，市場分析，業界情報，競合他社）
・新規顧客開拓，既存顧客への深耕アプローチが個人任せで組織的な活動や標準化の仕組みが不足
・予算の編成方法が粗く施策の計画性や緻密さ不足
・予算のフォローが不足で的確かつタイムリーな行動がない

■組織（Structure）
・会議が多く営業時間が不足

・組織のベクトルや協調性がなく，組織全体の連携がない

・経営者のリーダーシップや関与，フォローが不足

・上司の指導，教育，監督が不十分

・ビジョンや経営理念が浸透せず組織のモラールが低い

■教育（Study）

・予算編成手続きやルールの教育が不足

・営業マンの能力要件が明確でなく計画的な人材育成の不足

・予算未達成の原因追究が甘く，組織全体の業績向上意欲が低い

して検証してほしい。

　なお原因追究にあたっては，思い込みで原因を選択せず仮説検証を繰り返しながら正しい原因を探る手続きが必要であることは，いうまでもない。

　また，これらに基づいた未達成原因について，自社なりの分析手法を開発し，起きやすい障害の根本を見直すなど，未達成解消のノウハウをつくることも重要である。

4．収益改善アプローチを利用する

　予算編成方針を策定する際に重要なことは，競争力強化の方針とともに事業の収益性や効率性をゼロベースで見直し，これらの課題を整理し，その改善の方向性を予算編成方針という形で明確にすることである。この分析に役立つのが，収益改善アプローチである。

　収益改善アプローチとは，総資本（総資産）経常利益率を，図表Ⅸ－3のように分解して，時系列比較や同業他社比較により，収益性及び資産効率性の分析を行い，どこに改善余地があるかを網羅的に検証していくアプローチである。

実践編

195

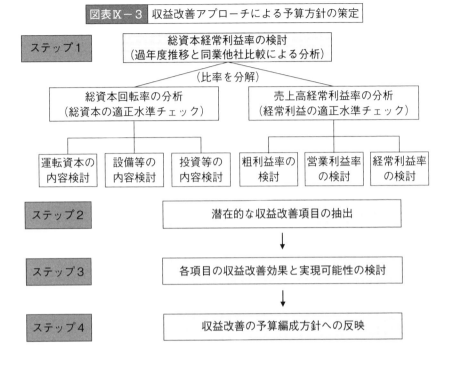

図表IX-3 収益改善アプローチによる予算方針の策定

ステップ1　総資本経常利益率の検討
（過年度推移と同業他社比較による分析）

（比率を分解）

総資本回転率の分析
（総資本の適正水準チェック）

売上高経常利益率の分析
（経常利益の適正水準チェック）

運転資本の内容検討　設備等の内容検討　投資等の内容検討

粗利益率の検討　営業利益率の検討　経常利益率の検討

ステップ2　潜在的な収益改善項目の抽出

ステップ3　各項目の収益改善効果と実現可能性の検討

ステップ4　収益改善の予算編成方針への反映

　これを怠ると，滞留債権や不良在庫など効率の悪い資産を温存させたり，抜本的に改善すべき費用を見落としたりすることにもなりかねない。

　ぜひ，収益改善アプローチで総合的かつ体系的な分析を行い，効果的な予算編成方針を立案していただきたい。

　この分析でのポイントは，以下のとおりである。

(1)　総資本（総資産）経常利益率を検証する

　まず，自社の過去10年間程度の業績推移表（B/S・P/L・分析指標）を作成し，業界上位の同業他社との業績比較表（同上）を作成したうえで，これらを用いて目標とすべき総資本経常利益率やそれを達成するための課

題を検討し，改善の必要な領域を抽出する。

　ここで着目するのが，総資産を分解した各項目（流動資産，固定資産，投資等）の効率性や損益計算書における各段階（売上総利益，営業利益，経常利益）の収益性である。過去からの業績推移表をみてどの時点でどの項目が悪化しているのか，同業他社との業績比較表をみて何が原因で利益に差がついているのか，また，これらの結果から販売や生産上の問題点，経費のムダがどこにあるのかなどをよく見極めて，改善が必要な領域を抽出していくのである。

(2)　粗利益率の改善策を検証する

　売上経常利益率の同業他社比較において，もし粗利益率に大きな差があれば，製商品の競争力に問題がある可能性が高いため，製商品別の売上高と収益性や成長性をポートフォリオ図により分析する（ポートフォリオ分析については，第Ⅶ章5節を参照）。

　この結果，収益性の低迷している製商品が明らかになれば，それらに対する収益性の改善策を立案することになるが，ここで改善策が製商品の付加価値にどのような影響を与えるかを，VA/VE分析などにより検証しておくことが望ましい。

(3)　販管費の適正水準を検証する

　営業利益率の分析において，営業利益悪化の原因が販売費及び一般管理費にあれば，人件費や経費にムダがないか，生産性が改善されていない部門はないかなど，過去の部門別損益管理表を用いて抽出し，生産性の改善策を立案することになる。

　前章でもふれたが，間接部門の管理コストの高さについて営業部門や生産部門は常に疑問を持っているものの，間接部門の範囲や管理コストの定義が不明確であり，また，同業他社との比較が困難であるため，いざ削減

実践編

するとなるとどの間接部門も自らの効率性を主張し，実行するのに困難を
きわめることが多い。

これまでの経験上，一般的には間接部門の管理コストが粗利益の5～
10％程度の範囲であれば問題ないと考えるが，中堅中小企業の場合，5％
程度を目標としてチャレンジすることが望ましい。

(4) 総資本（総資産）の適正水準を検証する

総資本回転率の分析において，時系列比較や同業他社比較により資産の
効率性や安定性に問題があれば，それは財務体質の問題であり，総資産の
圧縮，特に運転資金のなかで大きな割合を占める在庫や売上債権の水準が
同業他社に比べて高い場合，これらの圧縮を検討する。

この問題を解決するためには，滞留債権や不良在庫の有無を調査するこ
とはもちろん，前章の業務改善手法を用いて生産管理，在庫管理や債権管
理手法の妥当性も調査し，必要に応じて在庫削減など，業務改善案を提起
する必要がある。

また，総資産のなかには有形固定資産や投資等の固定資産もあり，これ
らに投資効率を悪くしているものがないか，遊休資産化しているものがな
いかなどを調査し，問題解決のための施策を検討することになる。

このような収益改善アプローチにより，財務諸表の分析を総合的かつ体
系的に行い，収益性や効率性の観点から予算に取り込むべき課題を抽出す
ることによって，予算編成方針を策定するのである。

また，総資本経常利益率を核とした分析を行うことにより，ややもすれ
ば損益予算に片寄りがちな予算編成において，財務体質すなわち貸借対照
表も考慮したバランスの取れた予算を作成することができるのである。

5．売上予算の編成に必要な営業情報をつくる

　予算編成における数値目標の中で，最も重要であり，すべての予算の基礎になるのが売上予算である。売上予算が固まらないと，生産計画や人員計画が立てられないため損益予算が立てられず，また，資金予測もできないため設備投資予算はもちろんのこと，貸借対照表予算も立てることができない。

　初めて予算をつくる会社やつくりなれていない会社によくみられるのが，顧客の需要予測やニーズといった営業情報を収集しないまま，成行き型や理想型の売上目標を設定し，これに合わせて部課別の売上予算を編成しているケースである。これでは，売上予算が営業の実態に即さず，その信頼性が失われ，予実検討会議は意味のないものとなってしまう。これを防止し，顧客別の営業戦略や目標と連動した売上予算を策定するには，事前に必要な営業情報を入手する必要がある。

　そこで顧客別の売上目標の設定根拠となる，次のような営業情報を営業部門に要請するのである。

　これらの営業情報は，それぞれのキーワードの頭文字をとりコンパス（Compass）と名づけた。

　このように体系的に情報を収集し，加工することにより，顧客別や製商品別の精度の高い売上目標が設定できる。それをベースに積み上げられた売上予算は合理的で説得力のある，営業の実態に即したものとなる。

　また，営業部門や企画部門において予算レビューを行う際もこの情報を利用し，客観的な討議を行うための基礎資料にする。

　これら一連の活動を通じて，ともすれば理屈よりも行動が優先されがちな営業部門において，日々の営業活動の合理性，効率性，論理性などについて考える機会を与える効果も期待できる。

実践編

情報分類	情報名称	内　　容
図表Ⅸ－4		営業情報（Compass）の概要

情報分類	情報名称	内　　容
C	Competition	顧客ごとのライバル会社との競争状況（自社とライバル会社のシェアを含む）
O	Opportunity	顧客ごとの潜在的な販売機会
M	Marketing budget	当社の予算上の販売目標 （主要商品別）（四半期別）
P	Process	販売目標達成のための営業プロセス，シナリオ
A	Action	上記の行動計画
S	Subject	目標達成のための障害や問題点
S	Support	障害クリアのための組織的な支援体制

　このほか，次節で述べる顧客開拓プロセスのあらゆる局面においても，この営業情報は有用であり，文字通り営業活動の羅針盤＝コンパスとして，これを利用していただきたい。

6．顧客開拓手法を標準化する

　新規顧客の開拓や既存顧客の深耕は業績改善の有効な手段であり，予算編成時や予実検討会議において討議することの多いテーマである。このため，予算管理に携わる営業部門の経営幹部や管理職に対して，顧客開拓手法の標準化，共有化の必要性を訴え，この手法を自社に適した形で取り入れ，業績改善に役立てていただきたい。

　顧客開拓に有効な方法は，顧客との関係を築き，より深め，売上の拡大に結びつくような営業活動を標準化し，プロセス化しておくことである。これにより営業マンの顧客に対するアプローチが明確になり，営業活動の計画性が高まり，無目的な訪問活動や場当たり的な営業が避けられ，効果的かつ効率的な営業活動が可能となる。

　そもそも営業活動において，顧客が受注を決定する要因は何だろうか。主に以下の３点が考えられる。

- 自社の製商品に係る正しい情報提供を行い，顧客がその理解を深めること
- 顧客に有用な提案を行い，顧客が自社に対する問題解決の期待感を高めること
- 顧客のキーマンとの人間関係を深めること

　実際の営業現場では，これらの活動がランダムに行われ，その地道な積重ねが受注に結びつくのである。

　したがって，これら３つの受注決定要因に関して，どのような営業活動を展開し，レベルアップして受注に近づけていくかをストーリー化する。そのシナリオ型の営業を計画的に行動することで，どの段階まで商談が進み，どの段階で滞っているのかが明らかにされ，営業活動のスピードアップが図られる。また，営業ノウハウの集約，営業戦略の早期立案などが可能となるのである。

　このストーリーがないと経営幹部や管理職は営業活動の実態や進捗状況が把握できず，営業会議などで具体的な指示ができず，精神論的な訓示に終始してしまうことになる。

　図表IX−５で紹介するのは，著名なマーケティングコンサルタントから学んだ手法であり，顧客の開拓度のレベル（プロセス）を５段階に分類し，それぞれのプロセスに応じた営業活動を行い，その進捗状況を管理していく手法である。

実践編

201

図表IX－5　顧客開拓プロセス

開拓度ランク	商品情報の提供	顧客の問題解決への期待度	人間関係づくり
1	当社の会社紹介	顧客ニーズの収集	会社組織の入手
2	提案情報の収集，ライバル会社情報の収集	会社の具体的問題の収集	キーマンの把握
3	問題解決のための提案実施	提案に対する改善ニーズの収集	キーマンへの接触チャンスの情報収集
4	改善提案の実施	成約の成否を決める要因把握	キーマンへの接触と人間関係づくり
5	受注条件の具体化をめぐる交渉段階	成約が確実となり，細部のシメと顧客の期待感の充足	キーマンとの親密な人間関係

　ここに示したのは標準的なモデルであり，会社の事業内容や取扱製商品，営業活動の方法などによりプロセスは異なるため，営業部門内でプロジェクトチームをつくり，過去の成功例やベテラン営業マンのノウハウなどを集約し，自社に合った顧客開拓プロセスを設計していただきたい。また，慣れるにしたがって，各営業マンがより詳細で効果的なアプローチを見つけ出すこともできるので，定期的に情報を集約し，プロセスを更新することが望ましい。

　いずれにせよ，重要なことは，営業活動や商談の進捗度を可視化して共有化することで，営業活動が効率的かつ効果的になるだけでなく，手法の開発や更新を通じて営業情報やノウハウが共有できるため，若手営業マンの育成にもつながるのである。

　さらに，これを続けることにより，各営業マンの営業に対する意識が共有され，コミュニケーションが深まり，ともすればスタンドプレーに走りがちな属人的営業を組織的営業に転換するきっかけにもなるのである。

7．業績の先行指標を利用する

　予算の未達成が続いている会社の営業部門は，当月や翌月の売上に追われ，常に目先の目標達成に終始していることが多い。反対に，売上実績が常に予算を上回っている会社は，先行営業が行われており，営業部門が半年先，1年先の売上を見据えて，そのための受注活動や成約活動に注力して先行指標を利用していることが多い。

　たとえば建設業の場合，売上計上以前の受注活動が数か月あるいは数年にわたって先行され，物件ごとの受注可能性に基づいた受注額予測や新規顧客の開拓や引合いに対する進行状況の管理を行っていることが多い。

　先行指標は業種や業態によって異なるが，売上計上までに顧客開拓活動や提案活動など，受注可能性を高める活動のなかに，こうした先行開拓指標は必ず存在するのである。

　したがって，まず自社の業績の先行開拓指標を検討し，それに基づき営業活動や開拓活動の管理を行うことが，予算を常に達成できる会社への第一歩になるのである。先行指標が未整備の会社はこの活用をぜひ行っていただきたい。

8．投資の意思決定ルールをつくる

　予実検討会議や役員会では，投資に関するテーマも上がるだろう。

　中堅中小企業における投資の意思決定は，経営者のツルの一声で決まることが多く，それぞれの経営者が自らの知識や経験に基づいて独自の判断で意思決定を行っている場合が多い。

　しかし，経営幹部や管理職の意見を聞かず，経営者の一方的な判断により投資が行われると，社員の経営参加意欲が薄れ，予算の達成や業績向上

実践編

へのモチベーションが低下し，ひいては予算管理制度導入プロジェクトの支障にもなりかねない。

　また，いったん投資が行われると，減価償却費だけでなく人件費や経費などの固定費が段階的・経常的に増加し，経営の柔軟性に影響を与えるだけでなく，多額の借入れとその返済などで，キャッシュ・フローも圧迫されてしまう。

　こういった投資の意思決定に関しては，あらかじめ将来の売上増加額や費用減少額を合理的に見積り，それらが自社の損益やキャッシュ・フローにどのような影響を与えるかを具体的に検討できるよう，成果予測計算ルールをつくっておく必要がある。

　成果予測計算の方法は，業種，業態でさまざまであるが，投資額が何年で回収できるかをキャッシュ・フローの純増額により測定する回収期間法が一般的である。

　また，投資の意思決定を行う際，代替案も検討しておく必要がある。投資を提案した部門から見ると，その投資は絶対に必要であり，タイミングを逸すると多大な損失が生じると考えがちである。

　しかし，会社にとって現時点でその投資が本当に最優先されるべきテーマなのか，より効果的に収益改善が期待されるテーマがほかにないのか，投資のタイミングは適切なのか，投資を生かせる人材やインフラは整っているのか，投資の前にやるべきことはないのか，などといった点を経営の視点に立ち返り，代替案の可能性についても十分に検討しておくことが望ましい。

　なお，投資を検討する際，会社全体の財務体質に与える影響度も考慮に入れる必要がある。多額の投資が借入金により行われると，自己資本比率が大幅に低下し，財務上の安全性が損なわれるおそれがあるからである。

９．新規投資の撤退ルールをつくる

投資の意思決定ルールの際に重要なのが，新規の投資案件に関する撤退基準である。これは，次章で解説するM&Aや新規事業への進出でも重要なポイントとなる。

撤退基準とは，投資累計や赤字累計がいくらになったら投資の継続をあきらめ，撤退を開始するかという基準である。具体的には，先に述べた回収期間法などにより投資の実行を決定したものの，回収予測が外れ，売上が伸びないなどの理由で赤字が続く場合に，どのタイミングで損切りを決定するか（赤字累計が○億円を超えた場合，投資を中止し撤退する，など）を，あらかじめ決めておくのである。

なぜ，このような悪い結果を最初から予測して基準をつくるのだろうか。それは，経営者や経営幹部は自ら行った投資案件に対する責任感や思い入れが強く，赤字が予想以上に続いたとしても，いつか状況が好転するのではないかという期待を抱いたまま投資を継続する傾向があり，会社の存続にかかわる事態に陥る前に，客観的な評価ができる段階で合理的な意思決定を行うためである。

10．成果配分の導入を検討する

予算管理制度の整備を行う際，社員の関心が高いのは成果主義，すなわち予算達成率による成果配分（業績給）の導入である。社員からすると，予算が未達成なら上司からいろいろ文句を言われるのだから，予算を達成した場合は何らかの形での見返りがほしいというわけである。これは当然の要求だろう。

一般的に成果配分を導入する場合，成果のとらえ方（予算達成率，前年

比増加率，顧客開拓件数等）や成果配分の方法（業績給の割合，算定方法等）といった技術的な側面が問題になるが，本来はまず，成果主義に関する経営哲学を明確にすべきである。

　なぜ，成果主義を導入するのか，成果とは業績だけなのか，社員をどういう存在と考えているのか，目指すべき理想的な会社とは何か。このような問いに答えられないことは，単なる金銭面だけの経営の道具として社員を考えているかのような誤解を与えるため，経営者は細心の注意が必要である。これらの考え方をクリアにし，社員を納得させることができれば，成果配分の導入はやる気とモラールを高めるうえで有用であり，業績向上の手段となり得る。

　しかし，成果配分を過剰に導入し，業績給の比率を極端に高めたりすると個人プレーが多くなり，組織の和，チームプレーができにくくなる弊害があることも事実である。この制度は"諸刃の剣"であるということをよく理解し，どのような形が組織と個人の調和を保つうえで望ましいのかをよく検討して，導入の意思決定をする必要がある。

　この検討の際，よく引き合いに出されるのがマズローの欲求段階説（図

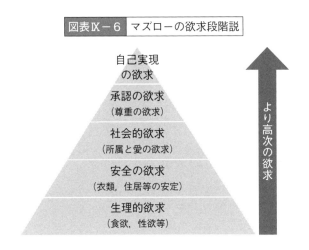

図表IX－6　マズローの欲求段階説

表Ⅸ－6参照）である。この説では，人間の欲求には生理的欲求や安全の欲求などの金銭的欲求よりも高次の要求として，人から認められたいという社会的欲求があるとしている。新約聖書にもあるとおり，“人はパンのみにて生きるにあらず”である。

　社員の自己実現の欲求や承認の欲求をうまくバランスさせるような成果主義の導入を目指したい。

11.　各種会議を効率化する

　業績管理制度の整備が進み，予算管理が行われる頃になると，頻出するテーマが各種会議の多さである。業績管理の強化が行われると各種会議が増えるのは事実だが，これに限らず役員会や部課長会議，業務連絡会議，その他各種会議が毎日のように社内のどこかで行われているのではないだろうか。

　会議は資料づくりや根まわし，日程調整など，事前準備作業に費やす時間は実際の会議時間を上回ることもある。単なる報告会議や伝達会議はコミュニケーションを高めるうえで有用だが，それに費やされるコストを上回るだけの効果が得られているかは，疑問である。

　逆に，そういった会議は事業活動のスピードを下げる要因にもなっているため，マイナス効果も含めて定期的に会議の必要性を検討すべきである。これまでに中堅中小企業を含め，さまざまな会社の会議に参加してきたが，主催する経営幹部や管理職の自己満足や安心感のためと思われる会議や，同じテーマであるにもかかわらず参加者が若干異なるだけで，別々に開かれる会議もある。会議が効率的，効果的に行われているかどうか，自己点検を行う必要がある。

　会議の必要性，効率性を見るチェックポイントを次に掲げたので，ぜひ参考にしていただきたい。

実践編

―会議の必要性，効率性チェックポイント―
- ●会議の目的，成果は明確か
- ●目的と成果に見合う会議内容か
- ●会議の効率的，効果的な進め方がルール化されているか
- ●事前準備で成果を上げるためのシナリオを考え，それにより会議を進行しているか
- ●事前準備を含めた会議コストを計算して，それに見合う成果が上げられているか
- ●メールや電子掲示板などの方法で代替できる部分はないか
- ●毎回同じことの繰り返しで，前向きな討議がないテーマになっていないか
- ●討議後のフォローが不十分なテーマはないか
- ●会議時間を少なくする工夫はないか
- ●会議の参加人数を少なくする工夫はないか
- ●会議を統合して他の会議で代替することはできないか

12. 予算に基づく収益改善施策の例示

　予算管理整備の最後に，これまで説明した業務改善手法を取り入れた予算に基づく収益改善施策について例示する。もちろん，これらの施策を複合的に使った施策を組むことも考えられる。

　また，コストを要する重要な施策となり重要プロジェクトとなった場合は，プロジェクト予算を適切に作り，実行のPDCAサイクルを回す必要があることはいうまでもない。なお，内容の具体的な説明は，本章や前章までの各節を参考にしていただきたい。

―収益改善施策の例示―

1．同業他社との業績格差分析をROI分析により行い，業績格差が生じて
いるコスト項目や資金項目について，コストダウンや資金の効率化を推
進する施策を作り収益改善する。

2．規模の類似する同業他社と比較することで，営業の生産性を分析し，
その生産性を向上，拡大させるための営業活動の見える化，営業プロセ
スの標準化に取り組み，営業生産性を向上させる（営業マンの育成を含
む）。

3．COMPASSの手法を使い営業の情報力を向上させて，顧客ごとの売上
アップの余地を発掘し既存客の売上を拡大する。

4．バリューチェーン分析により競合会社との競争力の格差を分析し，劣
位の分野や差別化を拡大する分野を選択し，その効果と実現可能性を検
討し競争力強化の施策を組む。

5．多数乱戦戦略（247頁参照のこと）でふれられている業界制圧手法を，
同業他社が採用していないか，その取組みが他社で不足している戦略手
法を発見し，自社の競争力を高める施策を組む。

6．粗利益，部門損益改善でふれたコストダウン，収益改善，業務効率化
手法において，不十分となっている分野を強化する施策を組む。

7．管理部門の企画立案能力を高めるため管理部門の業務分析を行い，業
務効率化やコストダウン手法の企画立案業務のウエイトを高め，競争力
強化の立案力を高める施策を組む。

実践編

Column 9

競争力を強化する
バリューチェーンとは

　バリューチェーンをわかりやすくいうと，会社の競争力強化の軸となる主要業務システムで，事業の優位性を作るべき分野とその特徴点である。これらの点はもちろん顧客ニーズを考慮して決めることになる。たとえば製造業であれば他社に負けない製品の品質，価格，納期など，俗にいうQCDの向上が競争力の武器になり，それを実現するための社内の業務システムを指す。

　バリューチェーンを明確化するには，会社の事業の優位性や差別化を生み出すため，下記の点などを分析，検討してそのシステム要因を抽出する必要がある。

◆会社の顧客ニーズにかなう品質，コスト，納期（QCD）を支える業務は何か，またその強化ポイントは何か

◆競争上優位に立っている他社で，その優位性を支えている業務システムの特徴点は何か

◆経営計画でふれている多数乱戦戦略で指摘されている分野で強化すべき戦略業務は何か

　具体的な事例を挙げて説明すると，小売業のコンビニエンスストア業界で，コンビニ店の重要なビジネスシステム分野は商品企画，在庫管理，調達物流システム，店舗運営などである。

　そのビジネスシステムに，どのようなバリューチェーンが必要かといえば，次ページの図表のように，他社よりも優れた業務システムを構築することである。

コンビニ業界のビジネスシステム

差別化を実現する
戦略コンセプト

戦略を実現するビジネスシステム
（価値連鎖）

```
                         ┌──────────────────────┐   ┌──────────┐
                    ┌──→│消費者の多頻度購入を可能にす│   │ 商品企画 │
                    │    │る豊富な品揃え          │   └──────────┘
                    │    └──────────────────────┘
                    │        ┌──────────────────────┐
                    │        │消費者ニーズを把えた継続  │
                    │        │的商品開発（食品など）    │
                    │        └──────────────────────┘
〔差別化コンセプト〕 │        ┌──────────────────────┐
┌──────────────┐   │        │季節ごとの消費者行動を捉  │
│24H営業の日常生活品│──┤        │えた商品品揃え           │
│の小売店        │   │        └──────────────────────┘
└──────────────┘   │        ┌──────────────────────┐
コンビニエンスストア │   →   │メーカーとのタイアップに  │
というサービスブランド│        │よるPB商品開発          │
                    │        └──────────────────────┘
                    │    ┌──────────────────────┐   ┌────────────────┐
                    ├──→│多品目，少量在庫でも欠品を防│   │ 在庫管理システム │
                    │    │ぐ在庫管理システム       │   └────────────────┘
                    │    └──────────────────────┘
                    │    ┌──────────────────────┐   ┌──────────────────┐
                    ├──→│多頻度少量納入を可能にする物│   │ 調達物流システム │
                    │    │流納入システム          │   └──────────────────┘
                    │    └──────────────────────┘
                    │    ┌──────────────────────┐
                    │    │・本部の強力な店舗マネジメン│
                    │    │  ト指導                │
                    │    │・小売店のオーナー制度を取り│   ┌──────────┐
                    └──→│  入れた経営者モチベーション│   │ 店舗運営 │
                         │  の確保                │   └──────────┘
                         │・パート，アルバイトでも運営│
                         │  可能な店舗管理システム（標│
                         │  準化，システム化）      │
                         └──────────────────────┘
```

実践編

211

　セブンイレブンはこの業界の先駆者として，このバリューチェーンをいち早く築き上げたことで業界他社に比べ高収益企業を実現している。

　この事例のバリューチェーンのビジネスシステムを見ると，消費者は商品やサービスを買っているのではなく，実はその背後にあるその商品の供給やサービスを実現している会社のビジネスシステムを買っているのであり，ビジネスシステムの経営システム上の価値の重要性がわかる。

　長く事業を続けていると，業務運営の細部にわたるビジネスシステムには詳しくなるが，こうした大枠での捉え方が苦手になりがちである。

　この分析手法で，初心に帰って自社のビジネスシステムについての勘所を押さえ，事業における優位性を築き上げるためのバリューチェーンは何かを検討し，その強化方針を予算編成の方針に含めていただきたい。

　部門別業績管理による収益改善活動が軌道に乗り始めたため，業績管理強化の次のステップとして管理職が参加する予算編成を行い，それを確実に実行するよう指導を行った。

　予算編成で重要なのは，目標利益の明確化であり，その達成のための方策の検討と決定を，会議を通じて管理職参加のもとに行うことである。

　予算は経理だけで編成することもできるが，管理職の目標利益達成の意識を向上させ，そのなかで自分が担当する店舗の利益達成の重要性を意識させることがこの会議の狙いである。

　この会社の財務体質改善はとくにハードルが高いため，その意識は不可欠であった。目標利益は，当然借入れ負担の軽減を図るため十分な営業キャッシュ・フローを確保できるために必要となる利益である。

　この会議を開催することで各店長はその経費や人件費の使い方に，従来より計画性をもつことになる。予算を通じて，店舗人員の安易な使い方が後々目標利益達成の足を引っ張ることを身に染みて感じているためだ。

　この会議ではさらに，今まで十分に行われていなかった食品事業部の収益改善に取り組むことにした。食品事業部は低収益が続き，その改善対策が残っていたためである。

　この会社は，ステーキハウスのドレッシングや和食レストランメニューのつまみ類が好評であり，それを瓶詰めにして店舗販売と通販及び東京等のデパートで委託販売していた。しかし，食品事業部の採算は悪く売上規模に比して製造設備が過分であり，その固定費負担が重荷であった。

　もともと飲食事業であるため，製造分野は得意ではなく製造業のノウハウがなかったことも赤字の原因であった。予算編成を機に，この食品事業の製造分野を思

い切って外注化し，会社のブランド力の高さを利用して食品販売に集中することで収益改善を図ることになった。この施策も効果を発揮し，食品事業部も安定的な収益を上げられる事業に変身した。

　このような抜本的施策が実現できたのも予算編成を通じて目標利益を高く設定したことで，今までの事業施策を根本的に見直そうとする機運が高まったからである。

　予算編成にあたっては，部門別の予算を部門責任者に組ませる際，経費の見積計上に余裕額をもたせるが，それを売上未達の収益源とすることがないよう，社長と幹部が厳しい予算レビューを行い，また売上向上策が十分に練られた施策であるかなどを評価・見直しすることをお願いした。

　こういった予算管理が定着する頃には会社の収益力は売上全体の5％程度まで営業利益が回復することになり，財務体質改善の道のりを明確に見通すことができるようになった。

　また，予算導入を契機に成果配分を提案し導入した。プロジェクト発足から3年が経過し社員の目標達成の動機づけが強く求められる時期になったからだ。前年業績（店舗利益）などの成果配分の基準値を超える利益について，その3分の1を成果賞与として社員に還元するものである。

　PWCの変化という視点からは，この成果配分等の効果で業績向上への管理職，社員の関心度，情熱（P）はより強まったということができる。克服すべき課題は何か，取り組むのは社員1人ひとりであったとしても，組織の一体感，求心力（C）で同じベクトルに向かっていると認識できたことが，業績向上に寄与することになったのである。　　　　　　　　　　　　　　　　　　　　（第X章末につづく）

第 **X** 章

戦略的経営計画の整備

１．整備のポイント

　予算管理の整備・充実がある程度完成した段階で，業績管理の最終ステップとして，経営計画による業績管理の強化を行う。

　経営計画はなぜ作るのか。一般的に経営計画というと１年間の予算を３年〜５年に延長しただけの，予算延長型で作っている会社が多いのではなかろうか。

　経営計画の本来の目的は，会社の収益構造を改革するために作成するものであることはすでに述べたとおりである。そして収益構造の改革とは，たとえば業界が成熟期にあるなか，どうやって将来の成長性，収益性を維持していくのかを模索し，M&Aにより既存事業の競争力を強化する，あるいは新規事業に取り組み，既存事業の収益性低下を補完することなどをいう。こうした事業構造の改革的プランを練るのが，本来の計画の趣旨である。

　将来の事業環境を厳しく予測した環境適応型の経営計画を，戦略的経営計画というが，すでに経営計画を作成している会社では，その計画が楽観的，成行き的になっていないか厳しい目で検討していただきたい。これから経営計画制度を導入する会社は，制度の趣旨を十分理解し，経営の根本を見直す計画内容で作成しないと，将来の環境変化に適応する戦略性の高いものには届かないことに注意してほしい。

　本章では，基本となる経営計画の作成フローの説明，計画作成に欠かせないプロジェクトチームや企画スタッフの充実，経営計画でネックになりやすい経営理念や経営体質の問題，戦略テーマであるM&Aや新規事業の進め方について解説する。

　また，以下では経営計画作成プロセスで起こりがちな問題点を掲げた。失敗事例として参考にしていただきたい。

```
　　　　　　　─経営計画で実務上よく見られる問題点─
■目標のつくり方
・根拠のない右上がりの数値をつくる。
・数値のシミュレーションに時間をかける。
■戦略のつくり方
・戦略が明確でない。
・外部環境の変化を厳しく予測していない。
・ビジネスの計画，展開シナリオが不十分である。
■計画の障害となる事項の分析不足
・経営体質，風土を分析せず，そのネックを考慮していない。
・人材育成計画が具体的になっていない。
・何年も達成不可能な計画を作り，根本原因を追究していない。
■計画のつくり方
・財務計画などに偏りがあり，全体のプランニングがない。
・方針，施策を盛り込みすぎて，どれも中途半端に終わっている。
・業界分析が不十分で自社の競争力レベルを勘違いしている。
```

　経営計画に見られる問題点や失敗原因からみても，多くの要因がからみあって未達成となっている。こうした複雑な未達成の原因を分析し事業の正しい現状把握を行うことが必要であろう。会社の経営課題をトータルにとらえてあるべき姿に近づけていかなければ，中長期経営計画の達成はむずかしい。

2．経営計画の策定目的を明確にする

　経営計画は，なぜ作るのか？　この当たり前の質問に適切に答えられる人は意外と少ない。

　3年〜5年の数値目標も必要だから作成する，予算があれば計画も必要なので作成する，IR（株主とのコミュニケーションツール）の一環で株主説明のために事業目標の1つとして策定している，といったような回答が多いように思う。

　しかし，経営計画が必要な本当の理由は，予算の延長線では改善できない，より本質的な問題を解決するためにつくるものであり，先述した内容を繰り返せば，会社の収益構造を改善するための方針と施策，数値の予測目標をまとめたものが経営計画である。

　したがって，当然，予算とは異なるつくり方が求められるのは当然のこと，取組み方も，より解決がむずかしいテーマを取り上げる以上，その姿勢も真剣でなければならない。また，管理職のやる気も充実していないとその達成は困難であり，管理職が予算達成レベルの日常の問題解決に時間をとられているようでは，中長期の問題解決はむずかしいと考えなければならない。

3．経営計画の策定プロセスとルールをつくる

　1節で掲げた経営計画の問題点の多くは，策定プロセスに係るものが多い。経営計画の一般的な策定プロセスは，図表X─1に掲げたプロセスが典型例であるが，ここでは，このプロセスの失敗原因となりやすい重要項目について留意点を述べたい。

　これらのプロセスの留意点を参考にし，自社の策定プロセスとルールを整備してから，経営計画を作成していただきたい。

図表Ｘ－１　経営計画策定フロー

業界構造分析	外部環境予測	業界動向予測	業界成行き予測
業界構造と自社の事業構造の問題点（リスクとチャンス）をまとめる	影響を受けやすい一般的経済要因のトレンドを予測する	5～10年先の業界の変化トレンドを予測する	自社の業績（3～5年先）を悲観的に予測する（過去の5～10年間の平均伸び率を参考）

SWOT分析による経営課題整備

上記４つの分析による経営リスクとチャンスからみた課題をまとめる

**過年度計画の未達成原因の追究
組織風土・体質の追究**

主に計画上の障害となる内部組織上の問題点や体質上の問題点をまとめる

計画の編成方針，目標の決定

上記フローの検討に基づき合理性のある計画の方針と基本戦略及び目標を決定する

分野別，部門別計画書編成作業

方針，施策編	数値計画編	人材計画編	プロジェクト計画編
事業別戦略，方針，目標と施策	損益計画財務構造計画	要因計画人材育成計画	新規プロジェクトM&Aプロジェクト

実践編

(1)　現状分析を十分に行う

　経営計画の策定は過去の反省，すなわち現状分析から始まる。過去の反省のない経営計画は地に足のついたものにならず，夢のような計画をつくることになりやすい。経営計画が数年おきの作成で，計画の未達成が多い会社は，過去の未達成の原因を十分に行っているか，まず検討してほしい。

　これまで解説してきた業績管理強化のプロセスで，現状分析に必要な業績検討用のデータが，相当整っているはずである。ここまでの経営上の数字力強化と管理強化が十分に整備され，継続的に行われているのであればデータの収集に苦労することはない。

　ただし，情報収集する範囲と期間がより広範囲，長期間に及ぶため，これまでの業績管理データで十分かどうかを検討する必要がある。

　特に不足しがちなデータは，将来の業界動向や製商品市場分析（事業分野別の自社売上シェアとライバル社との競争力比較）の資料である。これらはコンサルタント会社や調査会社からデータを定期的に収集して，その見方や考え方を参考にする必要がある。その際に，この入手した調査データを，最低限どのように分析し，課題整理すべきなのか質問を受けることがある。

　計画方針策定のための現状分析を行う場合，図表Ⅹ－2の方法による課題の抽出は，最低限行うべきであると考える。

　図表Ⅹ－2の①②は，会社全体の財務体質チェックや収益力の問題を過去5～10年の業績推移や同業他社との比較によって分析している。主に財務，経営全般にわたる課題を抽出するために行うものである。

　③～⑤は，事業別の選択と集中の方針及び市場分野別の製商品戦略の分析，検討を行っている。それは，自社の市場地位改善に向けたシステム改善課題を抽出するために行うものである。

　⑥は，会社の組織，体質上の問題を検討するために行うものである。

これら6つの分析により，重要な課題はほぼ抽出できるものと考える。

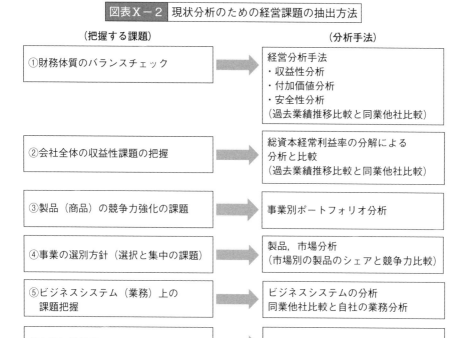

図表Ｘ－２ 現状分析のための経営課題の抽出方法

（把握する課題）／（分析手法）

把握する課題	分析手法
①財務体質のバランスチェック	経営分析手法 ・収益性分析 ・付加価値分析 ・安全性分析 （過去業績推移比較と同業他社比較）
②会社全体の収益性課題の把握	総資本経常利益率の分解による分析と比較 （過去業績推移比較と同業他社比較）
③製品（商品）の競争力強化の課題	事業別ポートフォリオ分析
④事業の選別方針（選択と集中の課題）	製品，市場分析 （市場別の製品のシェアと競争力比較）
⑤ビジネスシステム（業務）上の課題把握	ビジネスシステムの分析 同業他社比較と自社の業務分析
⑥経営組織体質の課題把握	経営体質チェック

(2) 基本戦略を検討する

　経営計画を策定する際，最も重要なのは基本戦略や事業拡大のシナリオの明確化であることはいうまでもない。

　しかし，トップダウンの力が弱く，ボトムアップの積上げプランに頼るとこのシナリオや基本戦略が漠然となりやすいため気をつけたい。

　繰り返しになるが，経営計画は構造の改革であり，既存の事業の仕組みを変えることを狙いとするものである以上，経営の全責任を負う経営者の

実践編

リーダーシップが極めて重要で，それが弱いと予算のような計画になりがちである。

次に重要なのが，シナリオ（事業拡大）を明らかにすることである。

重要な経営計画であるにもかかわらず，施策にストーリー性がなく，打つ手がバラバラなようでは，効果のある施策にはならない。

事業拡大のストーリー性が不可欠なのは，経営はヒト，モノ，カネのバランスのある成長発展が重要である以上，当然のことである。

ある経営学者は，優れた経営戦略に共通した特色や発想のキーワードとして，次の7つの特徴をあげている。

■差別化（競争相手との差をつくり出す）

■集中化（経営資源の集中を行う）

■タイミング（タイミングの判断は戦略の成果を決める鍵になる）

■波及効果（1つの戦略行動の成功が企業の他の分野における活動に波及効果を及ぼす）

■組織の勢い（組織の勢いを利用し演出する）

■アンバランス（創造的緊張感，アンバランスが成長のバネになる）

■組合せの妙（組合わせの妙は製品分野と経営資源の組合せなど戦略のいたる所にある）

自社の事業拡大シナリオは上記の視点からみて，それらを考慮した戦略になっているか検討することも，シナリオづくりには欠かせない。

さらに，会社の基本戦略として，差別化，コストリーダーシップ，集中化といった3つの基本戦略のどれを会社が志向しているかという点も考えておきたい。

差別化戦略は，技術やブランドなどの優位性で事業拡大を行う方法，コストリーダーシップ戦略は，低価格と事業運営の低コスト化を主な武器に事業拡大を行う方法である。コスト集中，差別集中戦略（集中化戦略）は，

これらの基本戦略を特定分野や地域に限定して戦う方法である。

　この基本戦略の3つの類型は，Column 10でも紹介するM.E.ポーターが明確にしたものであり，会社が競争上の優位性を築き上げるために，業界構造の問題への対処法としてあげた戦略の基本パターンである。

(3)　差別化戦略を明確化する

　経営戦略の基本となる形は大きく分けて差別化戦略，コストリーダーシップ戦略，差別集中戦略であることはすでに述べたが，中堅中小企業では大部分が差別化戦略や差別集中戦略を採用している。俗にいうニッチ戦略といわれる戦略である。

　このような差別化戦略を競争力の主軸とし，差別化を強固なものにすべきであるが，差別化の不明確な事例が多く見られるので，留意が必要である。同業他社の施策をまねて方向性を決めている会社は，差別化が不明確で総花的な戦略に陥りやすいので，この点も留意する必要がある。

　差別化戦略を意識して計画上の戦略を見直す場合，次に示すマッキンゼーの差別化戦略の立案方法が参考になる。この手法は予算管理制度で検討した競争力強化のスキルにもなるため，ぜひ，活用いただきたい。

　差別化戦略立案の基本ステップの流れは，A）差別化潜在要素の抽出→B）当該要素の有効性の検証→C）差別化要素の選択→D）差別化要素の実行スケジュール→E）組織の編成と実行及びフォローとなる。

　最初のA）のステップでは，製商品，サービス，販売方法，販売チャネルの面で同業他社との差別化をリストアップして検討価値のあるものを絞るプロセスである。同業他社の製商品販売方法等について，十分な調査や情報がないとこれらの抽出はむずかしく，営業が知っているようでも実は情報不足となっていることが多い。

　このステップでのポイントは，自社の強みを生かした経営資源を集中した差別化要素が抽出できるかどうかである。これまでの実務経験上，弱み

実践編

とされる分野にも分散的に経営資源が使われてしまい，自社が永年蓄積してきた強みとされる分野に対して集中的に使うことができていないケースが多くみられた。

B）のステップは，A）で選択された差別化方法について，その実現可能性，実施コスト，実施の効果などを予測するプロセスである。新しい試みのため，このプロセスでも情報不足が多く，予測には困難を伴うが，過去の経験や同業他社の事例，顧客への聞き取り調査などを通じて予測することになる。

C）のプロセスでは，予測のリスクや精度を含めて，B）の候補案の選択を行うことになる。当然，会社の体力や経営環境，経営資源を考慮して選択する必要がある。

D）以降は，選択された方法について組織づくりを行うステップであるが，中堅中小企業の場合，この組織編成を既存の職務との兼務で行うことが多い。兼務で行う場合，どうしても実行スピードが遅くなり，責任があいまいになりやすい。

会社にとって期待価値の大きいプロジェクトであれば新しい組織を作るべきである。さらに既存組織の応援がえられやすいように社長直轄のプロジェクトに編成し，社長のリーダーシップにより，戦略を実行していくことも重要である。

(4) 経営計画の策定方針をつくる

ここまで経営計画の策定目的を明確にし，現状分析によって課題を抽出してきた。その抽出された課題に対し解決シナリオを作成する。これが経営計画の策定方針である。

自社の分析を行わないまま，まず数値目標ありきの経営計画を作っている中堅中小企業が多いのではないだろうか。確かに経営計画は部門別計画や分野別計画などとの数値の整合性が問われるため，数値のみに固執して

しまうのはある意味当然でもあるが，段階的にでも自社の分析を行ったうえで戦略性の高い経営計画にしていただきたい。

　なお分析を行った後，発見された課題に対する経営計画の策定方針までの流れを図示すると図表Ｘ－３のようなフローになる。

　抽出された課題は，図表Ｘ－３に沿って着手していくことになるが，課題の解決シナリオを十分に検討しないと，課題や方針を羅列しただけの計画になり，実現可能性の低い計画に陥りやすいため注意が必要である。

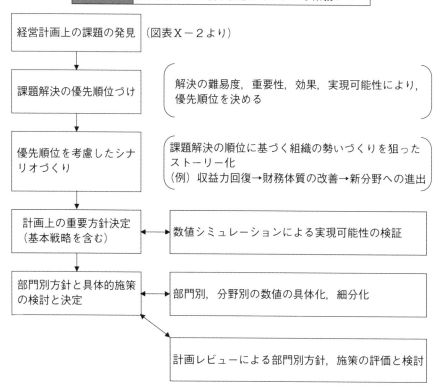

| 図表Ｘ－３ | 課題抽出から方針策定までのラフな業務フロー |

⑸ 目標から逆算して方針，施策をつくる

　計画において方針，施策を作成する際に採用してほしいのが，目標逆算法による方針施策づくりである。目標を設定し明確化しないと方針が定められないのは当然であるが，方針と目標がうまく連動していないプランを見かけることがある。あるいは何を目指しているのかが，施策から読み取れないこともある。

　そこで試みてほしいのがこの方法で，たとえば売上50億円を5年後100億円にする目標設定をしたとしよう。その時の顧客像，商品像，組織像，人材像を明確にしてそのギャップを埋める方針と施策を組むことである。

　この方法を採用して成功している有名企業も数多くあり，利用価値が高いことがわかる。

　これを行うことで，目標値の姿がより鮮明で明確になり，現状とのギャップの大きさや，計画に織り込む施策が多いことにも気づくことになる。さらには，人材育成を急ぐ必要性にも気づくはずである。

　具体的には次のような方針展開となる。

売上目標：50億円→100億円
その売上を支える販売組織は？　セールス組織，支店，人材など
　　　：
その販売組織を支える商品ラインナップは？　サービス体制は？
　　　：
仕入先企業は？　物流体制は？　階層別人材組織は？　管理組織は？

　このように目標をイメージすると，現状における不足点が明確化され，方針と目標のズレをなくせるような，効果的な施策をつくることができる。

⑹　部門方針と施策を十分に練る

　全体の戦略と方針が定まれば，次は部門方針と計画の策定に移る。部門計画，方針の作成プロセスで留意しなければならない点は，抽象的・定性的表現や目標は避け，定量的表現や目標とすることである。

　実務上，「〜分野の販売活動の強化や深耕」など，抽象的な表現で部門方針としている事例があるが，これでは不十分である。具体的に，あるいは数値による表現で「○○活動に○○手法を取り入れ，売上を○年までに○倍アップし，○年までに人員○名を増員，育成し，現状の営業部規模を拡大させる」といった表現で方針や施策を練るということである。

　次に重要なのが，方針，施策の決定には，十分な検討が必要であり，「その部門方針と施策で会社が目指す戦略，ビジネスシステムの改善が実現できるのか」という視点で自問自答を繰り返し，内容の濃い方針と施策を練ることである。

　ややもすれば，計画にかける時間が少ないなどの要因で，部門内での話し合いや検討が不十分となり，会社の目指す戦略や課題解決の目標値と程遠い内容の部門方針や施策にもなるので注意が必要である。

　計画はある意味，新しい分野へのチャレンジの要素が多く含まれており，最初は不確実な要素があるため，部門別の方針，具体的な施策は仮案としておき，細部については実施してゆくなかで，計画書に随時加筆修正しながら進めていくこともよい方法である。障害予測の際，実行プロセスで生じる課題や問題がすべて見えるわけではないし，成功するプロセスは最初のうちは，読めないからである。

　このようにプロセスの内容を常に検討していくことで，方針や目標の実現可能性が高まるのである。

実践編

(7) 数値にはこだわらない

　全体方針や部門方針の目標となる数値は，環境によって大きく左右される。したがって，詳細すぎないことがポイントであり，戦略やその実現シナリオの合理性，整合性，バランスの視点をもち，検証するための１つの道具として利用すべきである。

　目標意識は高くもつ必要があるが，数値だけが１人歩きするような計画は，つくるべきではないし，数値偏重の計画は，その効果や効用も低いと考えるべきである。

　しかし計画に数値は不可欠である以上，必ず盛り込まれる要素であるので，あくまで整合性，合理性の視点から重視すべきである。

　数値計画の展開としては，３～５年先の市場別顧客需要動向の予測が反映された販売戦略（市場別製商品戦略）を策定した後，これを売上計画に反映し，それを実現するための仕入計画（生産計画），要員計画，設備投資計画（店舗展開計画）をつくることになる。

　これらには，方針や施策で採用された効率化，合理化，コストダウンの計画は，当然のこと，反映させなければならない。しかし計画をレビューしていると，方針・施策と数値計画に整合性が欠けているプランを見かけることがあるので，詳細性よりもまずは，整合性に気をかけるべきである。

(8) 人材育成計画をつくる

　企業は人材が重要ある。人材を育てている企業は，成長潜在力が高まる。しかし，予算管理制度と同様，経営計画の中でも欠けやすいのがこの人材育成計画である。

　事業拡大のシナリオ作成のプロセスで，人材をどう確保し，育てるかがネックになることが多いが，その重要性に比して人材育成計画が未整備なのは不思議である。

　人材は成行きでは育たず，計画性が求められる。人材というと社員や管理職だけを考えがちであるが，経営者や経営陣の育成も十分に考慮する必要がある。

　計画の中に経営者や経営幹部の能力強化プランを盛り込んでいる会社があるが，その重要性からみて当然である。経営者や経営幹部の能力限界が事業拡大のネックになっている事例は多く，その養成は計画実現に不可欠である。事業拡大の局面で経営者や経営幹部に，どのような経営スキルや行動が求められるか真摯に検討し，それをシナリオに入れる必要がある。

　社員や管理職を対象とした人材育成計画だけでは，必要十分な人材育成計画とはいえないのである。この育成計画の作成については，Column 5で解説している，Ｎ社の計画的な人材育成手法を参考にしていただきたい。

⑼　フォローを十分に行う

　経営計画を作った後は３か月ごとにフォローを行うことが重要である。

　フォローを行う意味は，計画と予定している施策実行後のスケジュールのズレの修正と，施策を見直すためである。計画はつくり放しでは，確実に成果はあがらない。

　「できる管理職は，時間管理がうまい」とよくいわれるが計画も同じである。施策とスケジュールの管理がうまい会社は成果をあげられる。施策の実行が遅いとフォローを行う気にならず，ついつい後回しになり，そのうちにまったくやらなくなることが実務ではよく起こる。

　施策の実行度合は会社の経営スピードを表す。それが進まない，途中で挫折するということは，経営スピードが遅いことの表われである。そのスピード測定とスピードアップのためにフォローを行うのである。それでもうまくスピードアップができないときは，コンサルタントを関与させ，彼らをペースメーカーとして効率を上げることも重要である。

　また，フォローは社長やナンバー２が，厳しくレビューすることが重要

実践編

であるが，社長やナンバー2の人間が指導力を発揮できない場合は，コンサルタントの力を借りるなどして，厳しいレビューをしてもらうことも選択肢の1つである。

4．経営計画の未達成原因の分析方法をつくる

　ここまで経営計画の策定のポイントを解説してきたが，経営計画のフォローに必要となるのがこの手法であり，特に計画の未達成が続いている会社に試みてほしい留意点である。

　前章でもふれたが，経営計画未達成の原因分析方法として，自社独自の手法を確立したうえで，その達成度を高めるよう努力をすべきである。

　中堅中小企業の場合，この手法を確立するのは困難を極めるが，これは計画作成に慣れていないからである。したがって逆説的ではあるが，慣れていないからこそ，その分析方法を制度導入時から確立すべきなのである。

　計画の未達成原因がどのような要因から発生するかを事前に予測，検討しておくことは，計画の精度を高めることにもつながる。またこの分析方法を継続して利用することで，未達成原因の解消につながり計画の達成度を高める効果もあるため，ぜひ活用していただきたい。

　具体的には，以下で表すように，予算管理制度と同じように仕組み，組織，教育という3Sの視点から見た要因分析と，Plan，Do，SeeのPDSサイクルの流れから分析する方法がある。両者の視点には類似する点があるが，それぞれの中から適切な未達成原因を追究していただきたい。

　　　　　　─経営計画の未達成原因の分析─

■仕組み（System）

・経営計画の作成方法がルール化されていない

・業界環境，事業環境の将来予測が不足

・会社の事業の現状分析が不足

・経営計画の数値目標と方針施策の連動性がない

・計画の方針，施策実施後の定性的な目標がない

■組織（Structure）

・社長，幹部の計画への関与やリーダーシップの不足

・経営計画の実施上の組織の体質や風土がネックである

・計画実施上の組織の連携，協力関係が弱い

■教　育（Study）

・社長，幹部の経営計画の理解不足

・経営計画の作成スキルの不足

・経営計画未達成の根本原因追究ノウハウの不足

・経営計画の施策実施におけるスキル，能力不足

―経営計画差異の分析方法―

■Plan

・計画編成方法が粗いため具体化，細分化が不足

・計画上の戦略の検討が不十分で戦術が総花的

・外部環境の認識が楽観的で，過去実績に対し目標値が高い

・分野別，部門別計画のレビュー不足

・計画編成時の外部情報（市場分析，顧客情報など）が不足し，施策が不
　十分

■Do

・計画実行上の行動力の不足，行動計画の自己管理不足

・計画の行動計画が粗くフォローできない

・計画に対する達成意欲が低い

・施策実施上の人材育成の不足，組織の連携が取れていない

■See

・未達成原因の分析方法がない

> ・上司のタイムリーな計画修正指導が不十分
> ・上司の計画実施上のフォローが不足
> ・計画編成時の数値計画の合理性，整合性の検討が不足

5．経営計画名は方針が伝わるネーミングに

　経営計画を作成したら，それを社員に浸透させなければならない。会社の向かおうとしている方向性が共有されなければ，進むべき道のりがバラバラになってしまうからだ。

　経営計画というと，堅苦しくて社員は関心をもつことができないのでは，という印象を受ける人は多いだろう。組織が大きくなればなるほど，この傾向があるが，社員が経営計画に関心をもてるよう，計画の方針が伝わりやすいネーミングをつけることをお勧めしたい。

　筆者が売上1,000億円企業の経営計画のコンサルティングを行ったときのこと，その会社は実業団ラグビーの有名選手を抱えており，ラグビーに対する社員の関心度は高かった。そこでラクビーで重要なスクラムを英語表記したアルファベット"SCRUM"を用いて，経営計画の5つの方針を表現したことがあった。もちろんこの計画方針に社員がベクトルを合わせその実現のためにスクラムを組もうという意味合いも含んでいる。

　このネーミングを社長は大変気に入り，経営計画の方針も社員に浸透させることができた経験がある。こうしたネーミングの工夫は，経営計画作成のポイントである。

6．経営理念を再検討する

　経営理念の重要性は多くの経営者が異口同音に唱えているが，改めてそ

の意味を考えてみたい。

　経営理念は読んで字のごとく経営の理屈を念じると書く。したがって理念は掲げるだけでは社員に浸透せず，自己暗示をかけて人の心が変化するように，社員と唱和を繰り返さないと心に浸透しない理屈でもある。

　それでは経営の理屈とは何か。中村天風氏は，宇宙の真理は愛であると経営の本質に通ずる言葉を残している。経営の理屈である経営理念は，自然の摂理の理解から始まると筆者は考えるがどうであろうか。著名な経営者にも自然の摂理から理念を考えている人は多く存在する。パナソニックの松下幸之助氏，京セラの稲盛和夫氏はその典型例であろう。宇宙の真理は愛であるとの意味であるが，われわれ人間は自然の一部であり自然の中で生かされている存在である。すなわち自然が生んだ食物を食べ，自然が生んだ水，空気，大地，太陽のなかで生命を維持している。また人間の体は，自然が生んだ生命の維持機能によってその生命を維持している。

　このように人間は，すべて与えられたもので生かされているが，与えられているということは，誰かの寄付で生きているということに他ならない。この寄付の本質は愛であり，宇宙の本質は愛であるという考え方は，こうした生命の創造と維持の源を洞察しての言葉である。経営における愛とは，お客様ひいては社会への貢献であり，社員の幸福への追求であるという見方は，多くの企業で採用されている共通の理念である。

　100年以上存続している老舗企業の社是社訓を調べた会社があるが，その経営理念に掲げられている言葉に，信（信用，信頼），誠（誠実，誠意），継（継承，継続），心（真心，良心），真（真理，真摯）という漢字の共通項が見られた。これは，愛から派生した言葉といえるだろう。

　戦略やビジョンは事業環境が変われば変化するものであるが，経営の本質は不変のものである。経営理念が社員に浸透しないようなら，経営理念とは何かを再度考え，経営計画の立案で再検討することが重要である。

　また，経営理念の再検討とともに経営体質が会社の成長のブレーキに

実践編

なっていないかも検討する必要がある。

　経営体質とは長年，会社の事業の中で築き上げられた経営者や管理職の考え方（想い）や行動様式である。「人間の今の人生の境遇（結果）はその人の過去の考え方（想い）と行動の結果の現れである」といわれるが，経営体質はそれを会社の視点で言い換えたものである。会社の経営者や管理職の過去における経営への考え方（想い）と行動の結果が今の会社の業績や体質に現れ，その行動等の所産であるということができる。

　この体質の分類方法や体質を見分けるための経営者や管理職リーダーシップ力の説明，さらにそのリーダーシップを判断するPWCの考え方は第Ⅱ，Ⅲ章で説明しているので，それにもとづき経営体質の検討を行っていただきたい。

７．プロジェクトチームを編成する

⑴　チームを編成し，運営ルールを策定する

　ここまで経営計画作成上のポイントを説明したが，これらのポイントを網羅的に分析・検討するには，企画組織の充実や経営計画を策定するためのプロジェクトチームの導入が有効となる。特に，最初の経営計画では，チーム編成は必須と考えたほうがよい。

　チームメンバーは，一般的には社長や副社長を委員長とし，経営幹部や各部門責任者を構成員とする。ここに，次世代を背負う課長などをメンバーに入れると，早くから意識向上に役立ち，育成にもなる。

　このプロジェクトを通じて事業の方向性とプロセスを討議し，経営幹部の行動ベクトルを合わせる。そうすることで考える力も養成され，人材育成に効果を発揮することになる。

　プロジェクトチームのメンバーには，経営計画策定の意義やプロセスを

十分に理解させる必要がある。また，次節以降のM&Aや新規事業案件に
おいては，事前にその知識やプロジェクトの進め方を十分伝えておく必要
がある。これらの知識不足は，計画の質を落としかねないからである。

　プロジェクトチームの組織運営上の注意点は，チームの成果や生産性を
向上させるよう，事前に運営方法などの約束事を決めておくことである。

```
　　　　　　　　―プロジェクトチームの運営ルール―
■目標（成果を含む），期限，計画編成スケジュール
■チームメンバーの心得，役割分担
■プロジェクト運営ルール，進捗管理方法，メンバーの評価方法
■ディスカッションルール
■障害になりやすい項目の明確化と対処方法
■議事録作成義務
■メンバーの既存業務の時間的制約から生じる問題への対処方法
```

　このほかプロジェクト運営で注意すべきことは，公式の会議では，会社
よりの意見は出やすいが，逆に批判的な意見が出にくい点である。場合に
よっては飲み会など，非公式なコミュニケーションも適宜加えながら，声
なき批判的な意見や社員の本音を探ることも必要である。

　また，プロジェクトチーム方式で計画を進めた場合，実行する段階でラ
インの重要責任者から，計画時のチーム不参加を理由にプロジェクトを軽
視する行動が起こりうる。こうしたことが生じないようにラインの重要な
責任者には，プロジェクトを進行中，見解をできるだけ求め，実行に移す
段階で生じる障害も考えて，進めていく必要がある。

(2)　企画スタッフを充実する

　最初に指摘したように計画策定には，企画組織の充実が必要になる。そ
してこの経営計画導入に企画スタッフは欠かせず，計画に係るスキルの改

実践編

善，向上，情報収集，計画のとりまとめ，進行管理を行うなど，重要な役割りを担う。

　だが，プロジェクトを発足すると，多くの中堅中小企業では，企画スタッフが不足しているのに気がつくはずである。しかしこれら企業の経営者のなかには，企画スタッフの増強に慎重な姿勢で，企画スタッフ＝人材のムダ，と考える人もいる。こうした考えはあらためてもらいたい。

　企画スタッフの充実により経営管理は強化されるが，逆にその不足は，経営の企画，計画機能の不足に直結してしまう。それにもかかわらず，企画スタッフを置いて，それが人材のムダと思われてしまうのは，利用する組織やマネジメントにその活用能力がないために生ずる現象であり，企画スタッフの組織としての意味は，十分あると考えるべきである。経営計画をはじめ経営の種々の改善を継続的に実行していくためには，企画スタッフ部門の充実は避けて通れない組織の課題である。

　重要性は理解していても企画スタッフが不足してしまう企業では，一般的に，経営コンサルタントがそれを補完することになる。ただし，それにも限界があるので，コンサルタントのスキルをマスターして次の経営改善に役立てるなど，会社内で改善推進できるスタッフを育成することも必要である。

　ある会社の経営幹部の話だが，企画スタッフが計画した改善事例をライン管理職がマスターし，ライン管理職自らが改善を企画できるようになれば，企画スタッフはお役御免になると聞いた。企画スタッフに対する見方として的確な指摘である。

　経営組織の機能を会社の発展にあわせて進化向上させ，会社規模にふさわしい組織づくり，経営活動づくりを行うには，企画スタッフは不可欠である。企画スタッフがいない，あるいは，能力不足の場合，経営の改善活動は，まちがいなく低迷し，経営計画のマンネリ化，経営の戦略性が落ちていくことになる。

　先述したが，日常業務が企画業務を排除するという，実務上の業務慣習
がある。各部門の管理職の仕事をみているとルーチン化した業務が優先し，
新しい活動計画である企画業務は，どうしても後回しにされやすい。経営
計画策定時には，管理職の企画能力が発揮されるが，こうしたプロジェク
トが制度的に確立されていないために起こる現象である。

　管理職，特に上層管理職にとって最も大切な業務は，どうやって業務の
質や活動を向上させるかのプランニングである。この企画業務がおろそか
になると，改善活動が各部門で低迷し，生産性や効率性アップの取組みに
も障害が生ずる。企画業務の重要性を再認識していただきたい。

8．M&Aに取り組む

⑴　M&Aの基礎知識を身につける

　経営計画を作成した結果，事業拡大方針として採用されやすいのは，
M&Aの手法である。M&Aの手法は，中堅中小企業にとっても，会社の
成長戦略の1つとして，必要不可欠になっている。

　日本経済は，どの業界もおおむね成熟化しており，事業の再構築や新た
な収益源の発掘のために，中堅中小企業でも事業戦略上，M&Aを採用す
るケースが増えている。逆に，この戦略をまったく視野に入れられない中
堅中小企業は，今後，生き残りが難しい時代になっているともいえる。

　したがって，M&Aを成功裡に終わらせるための基本知識を，経営幹部・
管理職に身につけるさせることが重要である。

　M&Aは，自社での事業育成よりも短時間で人材育成，販売チャネル，
製品開発などの事業基盤が手に入り，事業スピードが求められる現代にお
いて，事業育成の時間を短縮できる点で圧倒的なメリットがある。

　このように，メリットの多いM&A手法であるが，中堅中小企業の多く

実践編

─M&Aの基礎知識─

■ターゲット企業の選定方法－自社に望ましい候補企業の条件をリスト
　アップする
■M&Aの交渉プロセス－M&Aの交渉プロセスとそのポイントをつかむ
■M&Aの価格決定方法－M&A価格の査定方法の種類とポイントを把握する
■M&A調査（デューデリジェンス）の目的と調査方法－調査の概要と調
　査方法，調査結果の見方を教える
■M&Aの契約方法－M&Aの一般的な契約書とポイントを教える
■買収事業（企業）の事後フォロー方法－買収後の事業の管理手法を教える
■シナジー効果の予測と測定方法－シナジー効果を予測し，フォロー方法
　を教える
■M&Aの失敗しやすい事例－M&Aでの失敗事例，成功事例を学ぶ
■M&A後の業績管理マニュアルを利用した指導方法　など

は，その採用に踏み切れないでいる。その原因は，M&Aを狙う対象企業
発掘の情報収集力，買収価格を交渉上有利に展開する能力，買収後の事業
運営能力，シナジー効果の発揮方法など，M&Aに関する交渉に伴う諸々
の障害事項の不安感からであることが多い。

　筆者は，M&Aは自社の経営体質の移殖であると経営者によく言ってい
る。ここにあげたM&Aの障害事項は，M&A手法を研究し，また自社の
経営体質を着実に築き上げていけば，大半はクリアできる事項である。

　その意味でもM&Aに必要な知識の修得及びスキルの育成は重要である。

(2)　M&Aの留意点

①　自社の買収価格査定手法をもつこと

　M&Aは資金的に見て相手の資産と収益力を買う行為である。当然であ

るが買収で争点になるのは，買収価格である。M&Aをこれからの戦略に
活用しようとする会社は，ぜひ，この買収価格の査定方法を確立してもら
いたい。

　筆者の経験では，大企業の営業主導で買収が行われると買収価格は高め
になる傾向がある。買いたい意向が先行し，価格に鈍感になりやすいから
である。バブル経済の頃はこのような事例を多く見てきた。

　中堅中小企業ではこのような高い買い物にならないよう，会社としての
買収価格の査定方法（たとえば買収会社の時価純資産＋ネットキャッシュ
フローの３年分など）を決めておくべきである。

②　M&Aのプロセスを知り，交渉シナリオをつくること

　M&A成約までのプロセスで，特に強調したいのが交渉シナリオをつく
ることである。

　M&Aの本場である欧米ではM&Aは交渉事と捉えられており，そこで
は買収価格をめぐり論理闘争が行われている。しかし日本では交渉事との
認識が薄いようで，交渉シナリオをもって買収に臨む会社は少ない。だが，
交渉事である以上，相手ペースで進ませず，買収条件が自社に有利に働く
ようシナリオを描く必要がある。

　すなわち，相手の買収条件の主張に対し，反論となる交渉シナリオを必
ず用意し，自社の望む条件にリードできるよう交渉に臨むことに留意する
必要がある。

③　買収先の業績管理マニュアルを作成すること

　第Ⅰ章でもその必要性を説明したが買収先の業績向上を行うために買収
先の業績管理マニュアルの作成をお勧めしたい。

　業績管理マニュアルは，第Ⅳ章にその具体例を挙げているが，会社の月
次業績管理，予算管理，経営計画管理における収益改善手法や管理手法を

実
践
編

マニュアル化したものである。

このマニュアル化を通して，買収会社の新たな収益源が見つかるとともに買収先企業の幹部・管理職の利益意識を向上させることができる。

したがって買収先への投資額の回収を早め，買収を成功裡に終わらせるためには，不可欠な指導マニュアルといえる。この業績管理マニュアルは，まだ十分知られておらず指導者も少ないことから，実務において定着化していない。しかし，その効果を知れば導入に前向きになるはずであり，ぜひ，実用化していただきたい。

9．新規事業に取り組む

(1) 新規事業の基礎知識を教える

M&Aの知識と同じように重要な分野は，新規事業や海外進出の進め方に関する知識である。これらの知識が不十分であると，プロジェクトは失敗しやすい。まず，失敗事例から見てみよう。

—新規事業や海外進出の失敗事例—

■海外進出における，新規分野の市場調査が不十分で，事前に予測でき，準備できたはずの障害事項のクリアに必要以上の時間がかかり成果を出すのが遅れる。

■自社の得意分野のノウハウ，スキルを明確化せず，成長分野というだけで進出し，ノウハウの構築に想定以上の投資と時間がかかる。

■新規分野に進出したが，予測ミスから初期投資が徐々にふくらみ，損失が大規模化し，この結果，投資回収に長期を要し，財務体質を悪化させる。

■買収により新規分野へ進出したが，シナジー効果を発揮するための分析や調査が不十分で効果を出すための活動が長期化する。

> ■新規分野の進出の際，業界知識が十分でないため買収価格査定が割高となり，投資の回収が進まず失敗に終わる。
> ■買収先の経営体質や事業環境が悪く，体質改善や収益改善に時間を要し，買収先の業績低迷が会社の既存事業まで圧迫する。
> ■買収価格のみに気をとられ，相手の経営システム調査が不十分のため，システムの再整備に時間とコストを要し，投資回収が大幅に遅れる。

　これらの失敗事例は，海外事業や買収した新規事業の基本的な進め方に最初から問題のあったことが多く，最初に十分な知識を習得し，基本的なプロセスに基づき，プロジェクトを推進していれば，失敗や進出に伴う投資損失の少なくとも一部は，防止できたであろう。

　したがって，次のような項目の知識について十分な教育を行い，事前に収集できる失敗事例を活かした正しい進め方をすることで，プロジェクト損失の軽減と防止を図るべきである。

> ―新規事業の基礎知識―
> ■新規事業計画のポイント
> 　・事業計画策定の一般的プロセス
> ■新規事業の失敗事例，成功事例
> 　・一般的な成功事例，失敗事例の収集
> 　・同業他社の成功事例，失敗事例の収集
> ■新規事業機会の探索方法
> 　・事前の情報収集の重要性
> 　・フィージビリティスタディの重要性
> 　・既存事業の強みの把握の方法
> 　・ビジネスチャンスの発掘方法
> ■新規事業（候補先）の事業評価と選択方法

実践編

> ・事業の有望性評価の評価尺度を決める
> ・評価尺度に基づく評価と選択を行う
> ■新規事業戦略の計画化の方法
> ・数値計画は，常に見直す
> ・撤退基準を最初から決める

(2) 新規事業の留意点

新規事業に取り組む際の留意点を挙げると失敗事例でもふれたが次のような事項である。

① フィージビリティスタディを十分に行うこと

新規事業の失敗や低迷の原因になりやすいのが事前のフィージビリティスタディである。この事前の市場調査が十分でないと新規事業を進めるにあたり事業計画が抜け穴だらけで打つ手も後手に回り，結果として期待した収益を上げるのに時間を要することになりがちだからである。

このような市場開拓のリスクに応じた適切な事業計画をつくるためにも事前の市場調査に時間とカネを十分かける必要がある。

② 悲観的シナリオを持ち，意思決定を迅速に行うこと

悲観的シナリオを用意するというと消極的なようであるが，これは事前に新規事業の成果の出るスピードを事業計画とは別に悲観的に予測しておき，そのシナリオどおりに進んでしまった場合に，新たに打つ施策を決めておくことで，意思決定の遅れや収益低迷期間の短縮に役立つ。

もちろん，新規事業の撤退基準をあらかじめ決めておくことも，悲観的シナリオの一部であり，これによってズルズルと撤退の意思決定が遅れ，赤字が拡大するという経営上の陥りやすいミスを防止することができる。

③　既存事業の人材育成を怠らないこと

　新規事業の決定の際，問題になるのが，誰をその事業の責任者として就かせるかの人選の問題である。

　特に責任者の人選にあたっては人材がいないという理由で新規事業の追加や決断が遅れがちになる。組織の成長は細胞分裂のようなものであって，事業の責任者もその中の１つの細胞である。そして事業の責任者自身が，自分の代わりとなるような人材（細胞）を自らつくり出していく（細胞分裂）努力を継続しない限り，中堅中小企業において現在の責任者に代わるような人材を育成することはむずかしい。

　どの会社でも，業種・業態によって成長の壁が存在するが，ある意味でその壁は人材育成が進んでいないことの表れでもある。成長の壁に遭遇した場合，自社の人材育成の問題として捉え，育成計画を見直していただきたい。その人材育成計画が新規事業進出の壁を突破することにつながるからである。

10.　成果の出る経営計画のつくり方

　本章の締め括りとして，収益改善の実現可能性が高い経営計画の方針，施策について例示を示す。

　この中には，繰り返しのものもあるが，筆者の経営計画策定のコンサルティングにおける経験則である。非常に重要なものであることを理解いただいたうえで参考にしてもらいたい。

　特に筆者の経験では(2)，(3)，(4)，(5)が不足しているケースが多かったので留意が必要である。

実践編

―経営計画の方針，施策例―

(1) 計画の策定の失敗事例を見て，その失敗を生じないよう策定プロセスを組み，計画の陥りやすい罠にはまらない策定スキームを組むこと

(2) 収益構造の改革など高い収益改善目標の計画を組む際には，会社の体質となるPWCがネックになりやすいため，経営者，管理職のリーダーシップ力を上げ，計画を実現するためのPWCは何かを考え，その行動基準を作り計画の実現可能性を高めること

(3) 計画の未達成原因を分析する手法を取り入れ，その原因を解消する施策を常に計画やその修正に織り込み，計画の精度向上に努めること

(4) 数値だけの右上がりの予測的な計画を作っている会社は，成行き経営に陥っているリスクがあるため，経営計画の前段階で整備すべき業績管理の管理力を強めるような施策を織り込むこと

(5) 新規事業や買収戦略で収益構造の改革を主として計画を作る場合，既存事業の収益力，資金力などの会社の体力とのバランスを考えて先行投資の金額や期間を事前に定め，それが会社の屋台骨を揺るがさないよう撤退基準を決めておくこと

(6) 拡大戦略は，既存事業の強みとなるノウハウ，資金力，人材，顧客，商品群などの経営資源を生かした既存事業の延長型（周辺分野を含む）が可能であればそれを優先し，異分野進出などのリスクを避けること

(7) 業界で上位にある会社は，将来の業界構造分析を行いその構造変化が自社の成長性，収益性にどのような影響を与えるかを厳しく予測し，自社の生き残りの道（単独成長，合従連衡成長，異分野進出）を探る戦略を検討すること

(8) M&Aを会社の拡大戦略の基本として採用する場合は，買収先の業績向上策として業績管理マニュアルを作成し，買収先の収益改善指導力を強めるなど，会社の指導ツールを整備すること

業績管理＆M.E.ポーター

Column 10

業界構造分析と
多数乱戦戦略

⑴　業界構造分析を活用する

　M.E.ポーターの業界構造分析は，収益性の高低原因の分析に役立つ戦略技法であるが，業界の収益性のみならず，その会社にとっても，構造的要因の強弱が会社の収益性にどのように影響しているかを見るのに役立つ。

　したがって，会社に新たな気づきを与えてくれるため，戦略的方向性や差別化戦略の必要性を改めて認識させてくれる手法として，実務でもよく利用されている。

M.Eポーターの業界構造分析フレームワーク
（業界の収益は５つの構造的要因により左右される）

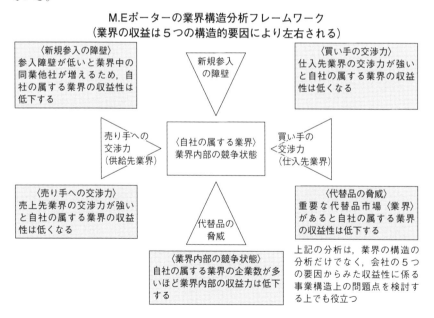

　ポーターによれば業界の収益性は，５つの構造的要因によって決定されると説明している。

　その５つの構造的要因とは，

①　業界への参入障壁の高さ

②　業界が供給している製商品を代替するサービスなど，代替需要の脅威

③　業界の競争業者の多さ

④　仕入先業界への交渉力の強さ

⑤　供給先業界への交渉力の強さ

である。

　この５つの要因の強弱，すなわち業界の内外の構造的要因との力関係の強弱で，その業界の収益性の高低を分析しようとするものである。

　ただこれを自社で分析しようとしても，これら業界の収益性はどんなデータを活用するか抽象的で把握しにくい，どのように抽出するのかわからない，という方もいるだろう。しかし，おおよそ業界のライバル10社程度の信用調査をし，その収益性を集計すると，ある程度の概算ができる。

　中堅中小企業では，こうした分析の実施経験はそれほど多くないと思われるが，より新鮮な視点から自社の収益性の良し悪しを分析するよい機会になるので，経営計画のなかにも取り入れてほしい。

　また，この分析を行うことにより，自社の属する業界構造が収益性上不利で，低収益にあまんじている場合は，同業他社への差別化の必要性があり，かつ，緊急性が高いことを認識する必要がある。

　筆者はこの業界構造分析を，将来の業界構造の変化とそれに伴う会社の収益性への影響，及び戦略上の課題を提起するのに使っている。その１例で，ある中堅医療メーカーの分析事例を次ページに紹介する。

　このような将来分析はその見方，考え方に新鮮味があり，会社の戦略課題を再認識するという効果もある。ぜひ，経営計画で活用いただきたい技法である。

医療機器メーカーの業界構造の変化と対応
（ポーターの５つの構造要因の変化の予測）

〈同業他社の多さ〉

市場規模の縮小，採算の悪化とともに病院業界の病院の整理統合が活発化し，中間商社の連携，合併，メーカーへの進出が進むことが予測される。これとともに医療機器メーカーは合併等により大規模化し，中小メーカーは整理統合され，同業他社の数は減少が予測される。

（不利）
（ライバルが力をつけるため不利に働く。）

〈参入障壁の高さ〉

中期的には，安定成長，安定需要が見込まれることから，他業界から注目され，異業種からの参入が増加し，その経験値とともに参入障壁は低くなることが予測される。

（不利）
（大手の脅威が強まるため不利に働く。）

〈代替需要の影響〉

情報伝達，蓄積技術（AI，IOT，ビッグデータ）とスマホなどの携帯端末の機能の高度化により，診断系，予防系，ソフト需要が増加し，医療提供のパラタイムシフトや在宅市場の拡大により，病院中心のハードメーカーが需要を代替され，売上を減少させるリスクが予測される。

（不利）
（需要が他メーカーに奪われるため不利に働く。）

〈売上先業界への交渉力の変化〉

病院業界と中間商社の整理統合と大規模化はさけられず，それとともに売上先（メーカー）業界への交渉力は強まり，反対に中小メーカーの場合，その交渉力の低下が予測される。

（不利）

〈仕入先業界への交渉力の変化〉

特に大きな変化は，見られないか。

（一定）→

(2)　多数乱戦戦略を練る

　M.E.ポーターのもう１つの経営戦略に，多数乱戦業界での戦い方の分析がある。会社の戦略戦術を立案するうえで参考となるので，紹介する。

　多数乱戦業界とは，業界の１位から３位のトップ３社のシェアが80％未満で，寡占状態にない業界のことである。

　こうした業界での戦い方は，次に示すようなフローをもとに決めるのがポーターの考え方である。このフローは，多数乱戦業界での戦術の説明であるが，会社の経営計画のなかで有効な戦術を考える際にも十分検討に値する指摘である。

　たとえば人材育成や業務の標準化など，その必要性を戦略，戦術面からみて認識したことがないため十分に実行されていない場合，会社がこれらの課題を戦略構築面から再認識し，その戦術の重要性に改めて気づかされるというメリットもある。経営計画の施策を立案するうえで役立つ手法といえる。

実践編

多数乱戦業界の競争戦略の手順

〈ステップ1〉 業界構造の把握
業界内は中小規模の企業が多く，業界を牛耳るマーケットリーダーがいない競争環境か
・米国では，小売業界，サービス業界，卸売業界等は多数乱戦業界

〈ステップ2〉 多数乱戦の原因の把握
多数乱戦になっている経済的原因を把む
・売上先や仕入先が強すぎて大手でも取引が有利とならない
・業界への参入障壁が低い　　　　　・規模の経済性が働きにくい
・業務に高い創造性が求められる　　・製品差別化，多様化が著しい
・人手によるサービスが中心である　・地方の地元密着企業が有利
・撤退障壁が高い

〈ステップ3〉 多数乱戦の制圧方法の検討
多数乱戦の原因を取り除いて業界を制圧できないか―規模拡大の方法
・多様な市場ニーズに標準品で対応し規模の経済性をつくりだせるか
・多数乱戦の主原因を無力化するか，切り離すことが可能か
・地元企業を多数吸収合併して規模拡大が可能か
・技術変化などの業界動向を先取りして，多数乱戦の原因を取り除けるか

〈ステップ4〉 多数乱戦が不可避な場合の対処方法の検討
次の方法で収益力の向上はできないか
・強力な本社統制に支配された分権制度の導入
・各地に効率のよい低コスト設備標準化での対応が可能か
・サービス付加や加工の拡大で事業付加価値を高めることが可能か
・特定の製商品種類，製商品セグメントに専門化が可能か
・顧客タイプや注文タイプで専門化が可能か
・特定地域に集中化が可能か
・川上に向かって垂直統合し，コスト引き下げられないか

コンサルティングの現場から～
【その6　買収案件を機に経営計画策定への道のり】

　スタートから3年が経過し，A社の業績管理強化プロジェクトは軌道に乗り，売上高5％の利益が安定的に達成でき始めた頃，銀行から業績向上の取組み姿勢と実績が評価され，ホテル買収案件が持ち込まれた。この頃はバブルが崩壊して全国チェーンを展開するホテル運営会社が，地方の不採算ホテルの整理に躍起になった時勢でもある。

　バブル崩壊のお陰で買収価格は割安であったが，まだA社は財務体質改善の途中であり，判断は難しい時期でもあった。それでも社長や幹部の意見は，自社の飲食事業の強みを生かせばホテル再建の見込みがあると判断し，買収を決断した。

　ホテル再建に取り組むことは，今までA社が歩んできた改善活動が本物であり，再建プロセスからいうと改革のテーマに取り組むという意味をもっている。

　筆者も財務体質改善の功を認められ，ホテル事業に対し意見を求められた。提案したのは財務体質の逆行の恐れもあるため，計画的な再建事業と経営計画作成を同時に行うことだった。

　こうしてホテル再建事業と既存事業のさらなる収益力アップを目指した中期計画策定のプロジェクトが発足した。

　ホテル再建の主要な施策は，ホテル内に中規模の和食レストランとイタリアンレストランを開業，その収益力で客室売上不足による赤字を解消するというプランになった。ただし新規開店する2店の設備投資が過大とならないよう注意しながら，新設計画を進めることになった。

　また冬場不振になる客室売上対策には，その時期の集客力減少をカバーするため，海外顧客を呼び寄せる目的で雪の日本観光ツアーを組むなど，海外旅行代理店への営業開拓活動を積極化する目標を設定した。

　さらに，ビジネス客だけのホテル集客には限界があるため，地元の周辺住民へ客

先接待の応接間代わりの利用を促進するため，社員全員による周辺住民への周知と顧客開拓活動を定期的に行うこととした。

　最後に，経営計画作成のなかに既存店や既存事業部の収益安定化のため，今まで進めた業績管理強化に伴う業務改善活動が継続的に行えるよう，業績管理マニュアル作成の施策を導入した。これによって業績管理の方法が標準化，定式化，習慣化し，収益力を安定化させる役割をもつ管理職の人材育成につながるからである。

　今まで説明した策定方針に基づき具体的な施策に展開し，その実行にかかわる費用を見積り，合理的な数値計画を作成して中期計画書として編纂した。さらに計画作成後，具体的施策の実行に伴う問題点が明らかになる都度，計画書を加筆，修正するなど3か月に一度施策をフォローした。作成後のきめ細やかなフォローが計画の実現可能性を高めるからだ。

　中期計画を作成して数年経過すると，A社の売上高はホテル買収の成果もあり，50億円弱，営業利益も2億円強が達成できるようになっていた。またこれまでの利益の蓄積から内部留保が増え，自己資本比率は30％を実現した。

　PWCは，ホテルの買収と再建により会社に新たなビジョンと飛躍のベースができ，業績向上への情熱（P）や求心力（C）をさらに高めることができた。また買収により新たな収益源の発掘が可能となったのは，知恵（W）の進化の可能性がさらに高まったことを表している。

　プロジェクト発足から，6年の月日が経過しようとしていた。

整備状況チェックリスト

最後に実践編の締め括りとして，ここまで解説した整備ポイント（一部）に基づいて，各章の業績管理の整備状況を点検チェックするチェックリストを収録した。このリストに基づき自社の整備状況を検討し業績管理の改善策に役立てていただきたい。

月次決算管理制度　整備状況チェックリスト	
1．幹部・管理職は，月次業績の重要性の認識やその見方，理解力が十分にあり，業績向上意欲が高いですか。	☐
2．月次業績がタイムリー（翌月10日まで）に報告されていますか。	☐
3．月次業績の業績測定が，正しい会計方針に基づいて行われていますか。	☐
4．月次業績の分析指標が会社の収益構造を分析し改善するうえで適切な項目になっていますか。	☐
5．月次業績検討会議で，月次業績の変動に対し適切な原因分析と対策の説明が行われていますか。	☐
6．月次業績の変動で赤字月がないか，ある場合はその原因と対策立案及びその継続的実施がありますか。	☐
7．粗利益の月次変動が大きくないか，ある場合には変動の要因の把握と変動を平準化する対策を実施していますか。	☐
8．月次変動費の平準化や削減するための原因分析と対策立案がありますか。	☐
9．月次業績で売掛金の早期回収など運転資金の効率性を常に検討していまか。	☐
10．月次業績検討会議の運営ルールがあり，それに基づき会議が実施されていますか。	☐

原価管理制度　整備状況チェックリスト	
1．原価計算の手続きや仕組みは，正確な原価を把握するうえで，適切に作成されていますか。	☐
2．原価計算の手続きや仕組みは，原価管理に関与する管理職に理解，浸透していますか。	☐
3．月次の原価計算用の資料・データの提出とアウトプットとなる原価報告はタイムリーに行われていますか。	☐
4．原価検討会議のルールが作成され，それに基づいて会議が行われていますか。	☐
5．製造原価の分析指標が整備され，その指標値を改善するため，定期的に業務改善や管理改善が行われていますか。	☐
6．原価差額を活用して生産性改善やコストダウンの対策が取られていますか。	☐
7．原価を削減するため，会社のコストダウンの手法は標準化，手続き化，見える化がされていますか。	☐
8．顧客別，商品別の粗利益のポートフォリオ分析を行い，製商品や顧客に関する成長性，収益性，安定性の分析を定期的に行っていいますか。	☐
9．上記の分析により製商品や顧客の選択と集中の方針を検討し，決定していますか。	☐
10．毎月，粗利益の分析を行い，赤字製商品や顧客に対して原因追究と対策立案が会議で実施されていますか。	☐

部門別業績管理制度　整備状況チェックリスト	
1．毎月の部門別業績測定が客観的に正しく算定され，管理職の納得性が得られていますか。	☐
2．毎月の部門別業績報告はタイムリーに行われていますか。	☐
3．部門長は利益意識，経営者意識が十分にあり，部門の業績向上のためリーダーシップを発揮していますか。	☐
4．月次の部門別業績報告の分析指標は，運転資金の効率性や収益構造を改善するうえで重要な指標が採用されていますか。	☐
5．間接部門の部門経営の効率性をチェックする指標や方針はありますか。	☐
6．部門長の業績把握力，分析力，対策立案力，実行力は十分ありますか。	☐
7．部門業績を検討する分析指標が整備され，またその指標を改善するための管理改善，業務改善が各部門で行われていますか。	☐
8．部門業績に赤字がある場合，その赤字に対する原因分析と対策は当該部署で毎月適切に行われていますか。	☐
9．部門業績の月次の変動が大きい場合，その変動を改善する対策立案が，当該部署で毎月効果的に行われていますか。	☐
10．上記の部署別対策は短期と長期の対策に分け，継続的に改善策が実行されていますか。	☐

予算管理制度　整備状況チェックリスト

1．予算編成の手続きがルール化され，管理職が参加した部門別予算の積上げによりボトムアップで作成されていますか。	☐
2．予算上の目標利益は会社の財務体質改善，他社との業績格差比較，過年度達成状況を考慮してトップ方針で決定していますか。	☐
3．予算編成方針は，競争力強化やコストダウンの方針を常に含めて作成していますか。	☐
4．予算編成は収益改善アプローチを採用し，会社の収益改善余地，資産や運転資金の効率性を検討して，それらの改善を含めて編成方針を定めていますか。	☐
5．部門予算は社長や幹部の厳しい予算レビューと評価を受けて作成されていますか。	☐
6．予算未達成の原因分析手法として，会社独自の未達成原因の分析手法がありますか。	☐
7．営業の新規顧客や顧客深耕の開拓手法が標準化され，営業ノウハウの共有化や営業マンのスキル育成に役立てていますか。	☐
8．営業の売上予測や受注予測は，先行した営業活動指標を検討し当該先行開拓指標に基づいて営業管理や受注予測を行っていますか。	☐
9．投資の意思決定は会社の定めた投資意思決定指標やルールのもとに合理的に行っていますか。	☐
10．会社の人材育成方法として，計画的で系統だった育成手法があり，それに基づき上司の部下指導や教育が行われていますか。また，それが部下の業績や能力向上の目標管理と連動していますか。	☐

経営計画制度　整備状況チェックリスト	
1．経営計画は経理部門だけの数値予測でなく，中長期の収益構造の改革を目的に定期的に作成していますか。	☐
2．計画の策定は，幹部・管理職育成のためプロジェクトチームを編成して，決められた編成ルール（マニュアル）に基づき作成していますか。	☐
3．経営計画の編成項目として下記の体系的な分野が入っていますか。 　☐ 将来の業界経営環境予測 　☐ 将来の業界構造の変化と戦略リスク 　☐ 会社の長期的収益改善課題 　☐ 経営計画策定のための課題一覧表 　☐ 課題解決のための事業シナリオ，ビジョン 　☐ 事業シナリオを支える事業展開方針（年度別） 　☐ 事業展開方針を実現するための部門別（分野別）方針施策 　☐ 年度別損益計画，資金計画 　☐ 損益計画，資金計画を実現するための分野別数値計画 　　☐ 年度設備投資計画開発計画　　☐ 年度別販売計画 　　☐ 年度別製造原価計画　　☐ 年度別SGA計画 　☐ 年度別人材育成計画（分野別） 　☐ 計画実現のための部門別，行動計画 　☐ 計画実現のための理念，行動指針	☐
4．経営計画の作成のため現状分析として，次の分析を行っていますか。 　☐ 財務体質の分析 　☐ 会社の収益性改善課題 　☐ 事業ポートフォリオ分析 　☐ 製品の競争力強化の課題 　☐ ビジネスシステムの改善課題 　☐ 経営体質の改善課題	☐

5．計画の編成方針として競争力強化のための差別化戦略の内容が明確になっていますか。	☐
6．経営計画の経営施策が目標イメージを明確にして目標の逆算方式で具体的施策を作成していますか。	☐
7．経営計画の方針や施策が不十分であったり，数値計画だけが右上がりの偏ったものになっていませんか（＝方針，目標，施策，数値計画の整合性が取れていますか）。また，部下の作成した部門計画を，社長や幹部が厳しくレビューしていますか。	☐
8．会社独自の経営計画の未達成原因の追究方法がありますか。	☐
9．経営計画の作成後3か月に一度フォロー会議を行い，方針と施策の実行状況を管理していますか。またその会議で具体的施策の修正を行っていますか。	☐
10．M&Aや新規事業に備えて，その知識や進め方の教育を十分に行っていますか。	☐

【参考文献】

『中堅・中小企業のための 業績管理の鉄則 MaPSの法則』田村和己，小谷清，同文舘出版，2013年
『ジョン・コッターの企業変革ノート』J.P.コッター，D.S.コーエン，日経BP社，2003年
『究める力』藤井裕幸，ダイヤモンド社，2013年
『「トヨタ式」大全－世界の製造業を制した192の知恵』若松義人，PHP文庫，2015年
『新訂 競争の戦略』M.E.ポーター，ダイヤモンド社，1995年
『実践経営学－松下幸之助に学んだ自主責任経営とは』小川守正，PHP文庫，1992年
『ニシオ式躍進経営の研究－10年連続増益の秘密』東川鷹年，明日香出版社，1995年
『京セラフィロソフィー』稲盛和夫，サンマーク出版，2014年

おわりに

　私は，プライスウォーターハウス会計事務所に入社してからの約20年間の勤務生活において，前半の10年間は主に大企業の監査業務に従事するなかで，監査先企業の経理業務や財務管理業務を体系的に学んできた。また後半の10年間では，大企業や中堅企業に対する業績管理や財務管理指導などのコンサルティング業務に従事してきた。

　そして同事務所を独立してからは，監査法人や税理士事務所の経営を通じて20年以上にわたり，中堅中小企業の業績管理指導の経験をしてきた。

　本書はこうした私の40年間の企業実務の経験やコンサルティング経験に基づいて刊行したものである。

　読者の皆様に，業績管理を全般的，体系的に理解していただき，また，それをコンサルティングに活かすためのノウハウを少しでも身につけていただけたのであれば，筆者として幸甚である。

　業績管理の分野は，関連図書も少なく未発展な部分も多いが，中堅中小企業にとっては，環境の激変するこれからの時代を生き抜いていくため，経営上もたなければならない経営管理のインフラである。

　そのため，将来を担う若手の税理士，会計士及び会計事務所の職員の皆様にはこの分野の指導により，中堅中小企業の成長と発展のために寄与していただききたいと思う。本書がそのための一助となれることを願ってやまない。

田　村　和　己

【著者紹介】

田村　和己（たむら・かずみ）

1953年生まれ，1976年慶應義塾大学経済学部卒業
1977年プライスウォーターハウスに入社，青山監査法人（現，あらた監査法人）社員を経て，1999年誠栄監査法人設立，現在統括代表社員
プライスウォーターハウス時代を含めて中堅，中小企業の業績管理改善指導，株式公開指導，会計監査に多く携わる。

【主要著書】
『中堅・中小企業のための業績管理の鉄則・MaPSの法則』（共著，同文舘出版，2013年）
『すぐわかる株式公開のノウハウ』（共著，中央経済社，1998年）
『すぐわかる店頭公開実務のエッセンス』（共著，中央経済社，2000年）
『最強の業績管理マニュアル』（青山監査法人編，共著，ダイヤモンド社，1994年）
『連結決算の実務Q＆A』（青山監査法人編，共著，同文舘出版，1985年）
【連絡先】
誠栄監査法人　e-mail：seiei@seac.or.jp／TEL：03－3518－2723

税理士・会計事務所職員のための
業績改善の基礎知識

2022年6月10日　第1版第1刷発行

著　者　田　村　和　己
発行者　山　本　　　継
発行所　㈱中　央　経　済　社
発売元　㈱中央経済グループ
　　　　パ ブ リ ッ シ ング

〒101-0051　東京都千代田区神田神保町1-31-2
電話　03 (3293) 3371(編集代表)
　　　 03 (3293) 3381(営業代表)
https://www.chuokeizai.co.jp
印刷／㈱堀 内 印 刷 所
製本／㈲井 上 製 本 所

© 2022
Printed in Japan